El poder de adaptarse

El poder de adaptarse

de

adaptarse

Brad Stulberg

CÓMO TRIUNFAR CUANDO TODO CAMBIA, INCLUSO TÚ

AGUILAR

El papel utilizado para la impresión de este libro ha sido fabricado a partir de madera procedente de bosques y plantaciones gestionadas con los más altos estándares ambientales, garantizando una explotación de los recursos sostenible con el medio ambiente y beneficiosa para las personas.

El poder de adaptarse
Cómo triunfar cuando todo cambia, incluso tú

Título original: *Master of Change. How to Excel When Everything Is Changing, Including You*

Primera edición: marzo, 2025

D. R. © 2023, Bradley Stulberg

Publicado por acuerdo con HarperOne, un sello de HarperCollins Publishers

D. R. © 2025, derechos de edición mundiales en lengua castellana:
Penguin Random House Grupo Editorial, S. A. de C. V.
Blvd. Miguel de Cervantes Saavedra núm. 301, 1er piso,
colonia Granada, alcaldía Miguel Hidalgo, C. P. 11520,
Ciudad de México

penguinlibros.com

Penguin Random House Grupo Editorial apoya la protección del *copyright*.
El *copyright* estimula la creatividad, defiende la diversidad en el ámbito de las ideas y el conocimiento, promueve la libre expresión y favorece una cultura viva. Gracias por comprar una edición autorizada de este libro y por respetar las leyes del Derecho de Autor y *copyright*. Al hacerlo está respaldando a los autores y permitiendo que PRHGE continúe publicando libros para todos los lectores.

Queda prohibido bajo las sanciones establecidas por las leyes escanear, reproducir total o parcialmente esta obra por cualquier medio o procedimiento, incluyendo utilizarla para efectos de entrenar inteligencia artificial generativa o de otro tipo, así como la distribución de ejemplares mediante alquiler o préstamo público sin previa autorización.
Si necesita fotocopiar o escanear algún fragmento de esta obra diríjase a CeMPro
(Centro Mexicano de Protección y *Fomento* de los Derechos de Autor, https://cempro.org.mx).

ISBN: 978-607-385-613-3

Impreso en México – Printed in Mexico

Para Caitlin

ÍNDICE

Introducción. Flexibilidad robusta: un nuevo modelo para trabajar con el cambio y pensar en la identidad a lo largo del tiempo 11

PARTE 1
MENTALIDAD ROBUSTA Y FLEXIBLE

1. Estar abierto al flujo de la vida.. 31
2. Esperar que sea difícil 57

PARTE 2
IDENTIDAD ROBUSTA Y FLEXIBLE

3. Cultivar nuestro sentido fluido... 89
4. Desarrollar límites robustos y flexibles 119

PARTE 3
ACCIONES ROBUSTAS Y FLEXIBLES

5. Responder, no reaccionar 145
6. Crear significado y avanzar.. 179

Conclusión. Cinco preguntas y diez herramientas para aceptar el cambio y desarrollar una flexibilidad robusta 213
Agradecimientos 229
Apéndice. Lista de valores fundamentales comunes 233
Lecturas adicionales sugeridas 235

INTRODUCCIÓN

FLEXIBILIDAD ROBUSTA: UN NUEVO MODELO PARA TRABAJAR CON EL CAMBIO Y PENSAR EN LA IDENTIDAD A LO LARGO DEL TIEMPO

"El suelo se movía bajo mis pies", recuerda Thomas, un antiguo cliente mío de *coaching*. "Las cosas parecían estar fuera de control".

Como fue el caso de muchos, los años de 2020 a 2022 fueron particularmente desafiantes para Thomas, un hombre de 45 años, padre de dos hijos, que trabaja en una empresa de servicios profesionales. En el lapso de unos pocos meses, se vio obligado a trabajar desde casa; perdió a su mejor cliente; básicamente, comenzó a educar a sus hijos en casa, pues la escuela empezó a dar clases en línea; fue testigo del despido de su esposa; perdió a un tío por el coronavirus; y no pudo pasar mucho tiempo en persona con su padre, quien murió de cáncer a principios de 2022. "Muchas cosas cambiaron en tan poco tiempo. Fue desorientador y difícil mantener el ritmo".

La historia de Thomas fue común durante el periodo en el que un nuevo coronavirus asoló al mundo, dejando a su paso una significativa destrucción económica y humana. Interrumpió la forma en que trabajamos, jugamos, amamos, lloramos y participamos en nuestras comunidades. La pandemia de coronavirus representó lo que yo llamo un *evento de desorden*, algo que cambia fundamentalmente nuestra experiencia de nosotros mismos y del mundo que habitamos, a veces para bien y otras para mal. La pandemia puede ser el evento de desorden a gran escala más reciente, pero ciertamente no es el primero ni será el último.

Colectivamente, no pasa una década sin que experimentemos disrupciones dramáticas. Ejemplos de esto son las guerras, la aparición de tecnologías como el internet y, más recientemente, la inteligencia artificial, los disturbios sociales y políticos, las recesiones económicas y las crisis medioambientales; todos, acontecimientos que se están intensificando rápidamente. A nivel individual, los eventos de desorden son aun más comunes, como comenzar o dejar un trabajo, casarse, divorciarse, tener hijos, perder a un ser querido, enfermarse, mudarse a una nueva ciudad, graduarse de la escuela, conocer a un nuevo mejor amigo, publicar un libro, obtener una gran promoción en el trabajo, quedarse con el nido vacío, jubilarse, entre otros. Las investigaciones muestran que, en promedio, las personas experimentan 36 eventos de desorden en el transcurso de su vida adulta, es decir, aproximadamente uno cada 18 meses.[1] Esto no incluye el envejecimiento, el evento de desorden siempre presente y continuo que muchos de nosotros resistimos y negamos inútilmente. Tendemos a pensar que el cambio y el desorden son excepciones cuando, en realidad, son la norma. Si miras de cerca, verás que todo está cambiando siempre, incluidos nosotros mismos. La vida *es* un flujo constante.

En los pocos años anteriores a este libro, publiqué *Máxima conexión: Groundedness*, tuve un segundo hijo, renuncié a un trabajo seguro, me mudé al otro lado del país, dejé de participar en un deporte que, durante años, había sido una fuente desproporcionada de identidad, me operaron de la pierna y me distancié

---

[1] Bruce Feiler, *Life Is in the Transitions: Mastering Change at Any Age*, Nueva York: Penguin, 2020, p. 16.

INTRODUCCIÓN **13**

dolorosamente de ciertos miembros de mi familia. Puedes advertir que esta lista de cambios incluye una mezcla de lo bueno y lo malo: no solo ocurrieron cosas difíciles, sino que *muchas* cosas ocurrieron en este corto periodo. Fue abrumador, pero fueron años interesantes, aunque desafiantes.

Cada vez que compartía alguna de estas experiencias importantes de la vida con clientes, colegas, amigos y vecinos, inmediatamente ellos empatizaban con el hecho de que resultaba, al menos en parte, desorientador. Aprendí que no estaba solo: casi todos experimentan duda, miedo y desconcierto al reconocer, de cerca y personalmente, que la vida no es tan estable como pensamos, o quisiéramos que fuera.

Aquí yace un problema. Una narrativa central en nuestra cultura nos insta a buscar estabilidad, pero esto no refleja la realidad de que el cambio es constante y que, con las habilidades adecuadas, puede ser una fuerza dramática para el crecimiento. Es hora de cambiar ese guion. Aceptar la inevitabilidad del cambio puede dar miedo al principio, pero como he llegado a ver, y como leerás a lo largo de este libro, abrazar la fluidez de la vida resulta ser empoderador e incluso una ventaja. Sin duda, el cambio puede doler, pero también trae consigo muchos beneficios.

Aprender una forma completamente nueva de concebir y trabajar con el cambio (lo que he llegado a llamar *flexibilidad robusta*) minimiza la angustia, la inquietud y la ansiedad, mientras que promueve una felicidad profunda y una realización duradera. También conduce a un mejor rendimiento en las actividades y a lograr los objetivos que más nos importan. De esta manera, la flexibilidad robusta es fundamental para la excelencia sostenible: *hacer el bien y sentirse bien de una manera que respalde nuestros objetivos a largo plazo.* Igualmente esencial es que al trabajar con habilidad en el cambio nos convertimos en personas más amables y sabias, algo que el mundo necesita desesperadamente. Además, no es como si tuviéramos opción: aunque desearas que no fuera así, no puedes solo detener el tiempo ni controlar la vida. Intentar hacerlo es una empresa inútil, agotadora y una causa común de agotamiento y languidez en personas que, de otro modo, estarían saludables.

Los hallazgos más recientes de la psicología, la biología, la sociología, la filosofía y la neurociencia de vanguardia demuestran que el cambio en sí mismo es neutral. Se convierte en negativo o positivo dependiendo de cómo lo veamos y, más importante aún, de lo que hagamos con él. Mientras tanto, a diferencia del mundo occidental moderno, donde vemos la vida como lineal y relativamente estable, muchas de las más antiguas tradiciones de sabiduría del mundo, como el budismo, el estoicismo y el taoísmo, reconocen la naturaleza cíclica de la realidad y la omnipresencia del cambio. La sabiduría antigua y la ciencia moderna coinciden en que la impermanencia es una realidad innegable, una verdad fundamental del universo. Aferrarse a la ilusión de la permanencia, esperando no ser afectados por el cambio, esperando permanecer más o menos iguales, es a lo sumo equivocado y, en el peor de los casos, conduce al sufrimiento. La vida es una serie continua y oscilante de altibajos. Desarrollar un sentido de identidad fuerte, duradero y cohesionado exige habilidades específicas para surfear las olas. Desafortunadamente, estas habilidades no suelen enseñarse en la escuela y han sido muy olvidadas por las generaciones recientes, que con mucha frecuencia se han engañado a sí mismas con ideas de control, seguridad y constancia, lo cual funciona bien... hasta que no lo hace.

Así que aquí estamos. Mi objetivo principal en este esfuerzo es revisar de manera transversal la ciencia, la sabiduría, la historia y la práctica para presentar un marco integral que abarque las cualidades fundamentales que necesitas no solo para sobrevivir, sino para prosperar en medio del cambio y el desorden. A esto lo llamo *flexibilidad robusta*. Pero antes de sumergirnos en esta nueva forma de concebir y trabajar con el cambio, puede ser útil entender cómo llegamos a donde estamos hoy: un lugar donde tememos la inestabilidad y la volatilidad, y nos sentimos

INTRODUCCIÓN

impotentes en medio de ellas. Saber cómo llegamos a donde estamos nos ayudará a llegar a donde queremos ir.

Por qué (y cómo) nos equivocamos con el cambio

En 1865, un médico francés de 52 años llamado Claude Bernard hizo un descubrimiento innovador. Basado en sus observaciones del cuerpo humano, propuso un modelo que veía el cambio y la disrupción como antitéticos a la salud. "La fijeza del entorno interno es la condición para la vida libre", explicó a sus numerosos seguidores en la entonces emergente comunidad científica.[2] No fue sino hasta más de 60 años después, en 1926, que un científico estadounidense llamado Walter Cannon acuñó oficialmente el término *homeostasis*.

La mayoría de las personas conocen la homeostasis, aunque no sean científicos. El origen de la palabra proviene del griego *homoios*, que significa "similar" o "igual", y *stasis*, que significa "de pie" o "en equilibrio". Su definición moderna es "la tendencia de los sistemas vivos a resistir el cambio para mantener ambientes internos estables y relativamente constantes". La homeostasis describe un ciclo de orden, desorden y orden. Afirma que un sistema tiene estabilidad en X, ocurre un evento que causa desorden y mueve el sistema hacia el caos e incertidumbre en Y, y luego el sistema hace todo lo posible, y tan rápidamente como pueda, para volver a la estabilidad en X. Por ejemplo, si te enfermas, tu cuerpo puede desarrollar fiebre, pero numerosos procesos trabajan para devolver tu temperatura a su punto de referencia de 37 grados Celsius.

---

[2] Frederic L. Holmes, "Claude Bernard, el 'milieu intérieur' y la fisiología reguladora", *History and Philosophy of the Life Sciences*, vol. 8, núm. 1, 1986, pp. 3-25, https://www.jstor.org/stable/23328847?seq=1.

En algunos casos específicos (como el de la fiebre), la homeostasis es un modelo preciso; pero, como verás pronto, en muchos otros no lo es. Aun así, la homeostasis ha sido adoptada como la forma predominante de pensar sobre el cambio en casi todos los ámbitos. Si buscas "homeostasis" y "cambio" en internet, encontrarás innumerables artículos sobre temas tan diversos como la pérdida de peso, el bloqueo del escritor, dejar de fumar, comenzar un nuevo programa de ejercicios y transformar la cultura de tu empresa. Todos están escritos con el espíritu de "superar la homeostasis" y "luchar contra" una profunda y universal resistencia al cambio.

La larga historia de la homeostasis y su simple e intuitivo atractivo han moldeado cómo las personas, las organizaciones e incluso culturas enteras piensan sobre el cambio. Es responsable del hecho de que, en general, veamos los cambios externos como indeseables y los cambios que queremos iniciar en nosotros mismos como si estos fueran contra un orden preestablecido. Si bien en algunos casos la experiencia del cambio como algo anormal puede ser inevitable, en la gran mayoría no lo es.

Sin embargo, como resultado de nuestro sesgo arraigado, desde hace mucho tiempo, la mayoría de las personas tiende a responder de una de cuatro formas cuando se enfrentan al cambio, ya sea en ellas mismas o en las estructuras más amplias de sus vidas.

1. **Intentar evitar el cambio o negarnos a reconocerlo**
Tratamos de aislarnos de lo que está sucediendo a nuestro alrededor, a veces llegando al extremo de negar el cambio por completo. Ejemplos de esto incluyen la empresa que se niega a adoptar un modelo de negocio digital; la jugadora de baloncesto envejecida que se aferra a las fortalezas que la beneficiaron en su mejor momento (pero ya no lo hacen); el hombre en una relación rota que se niega a ver sus problemas; o el centro de estudios que selecciona únicamente los datos que le convienen para evitar enfrentar la realidad.

2. Resistir activamente el cambio

Tratamos de evitar que el cambio ocurra, haciendo todo lo posible para oponernos a él, incluso si es inevitable y su fuerza, abrumadora. Ejemplos de esto incluyen al tenista que sigue posponiendo una cirugía, aunque tiene el cartílago degenerado en ambas rodillas; la empresa que va al Capitolio a presionar contra las regulaciones de aire limpio en lugar de innovar; la madre primeriza que toma medidas infructuosas para preservar sus habituales nueve horas de sueño; el padre que aún quiere decirle a su hija universitaria qué comer y qué vestir; o el hombre de 45 años que usa obsesivamente todo tipo de productos con la esperanza de "revertir" el envejecimiento.

3. Dejar de hacernos cargo en medio del caos

Percibimos el cambio como algo que *nos* sucede y, por lo tanto, renunciamos a todo control sobre la situación. Como en el caso del hombre que recibe un diagnóstico de salud preocupante y deja de prestarle atención a su dieta de inmediato; la mujer que experimenta ansiedad y se niega a buscar ayuda, diciéndose a sí misma que siempre será así; la persona que se convierte en víctima del ciclo de noticias 24/7 en lugar de controlar su atención; los políticos que se rinden ante un problema en lugar de hacer algo al respecto; o la empresa que reacciona de manera desordenada a una fuerza laboral que trabaja cada vez más de manera remota, en lugar de desarrollar una estrategia reflexiva y deliberada.

4. Intentar volver a donde estábamos

Pensamos en cómo era la vida antes de un evento de desorden, comparando y contrastando nuestra nueva situación con la anterior y recurriendo a actitudes y comportamientos que nos sirvieron en el pasado. Como el hombre que se casa, pero aún quiere tomar todas las decisiones; la mujer que pierde su trabajo en una industria en declive, pero espera ser contratada en la misma área en otro lugar; la familia que se muda al otro lado del país e inmediatamente compara a cada persona nueva que conoce con sus mejores amigos de antes; o la empresa que se ve obligada a despedir al 20% de su personal, pero al día siguiente actúa como si nada hubiera pasado.

Quizás no todos los ejemplos anteriores te resuenan, pero probablemente puedes reconocer algunas de estas tendencias en ti, en tu lugar de trabajo, en tu familia o tu comunidad. Hay una fuerte propensión a sobreanalizar el viejo orden en lugar de abrirnos a la posibilidad de algo nuevo. Mientras que las estrategias anteriores pueden sentirse bien en el momento, casi siempre crean problemas a largo plazo.

Un nuevo modelo para navegar el cambio y el desorden

En la década de 1980, dos investigadores (uno neurocientífico, fisiólogo y profesor de medicina en la Universidad de Pensilvania, y el otro un académico interdisciplinario con un enfoque en biología y estrés) observaron un fenómeno interesante. En la gran mayoría de las situaciones, los sistemas saludables no resisten el cambio de manera rígida; más bien, se adaptan a él, avanzando con gracia y determinación. Esta observación es válida ya sea que se trate de una especie entera respondiendo a un cambio en su hábitat, una organización respondiendo a un cambio en su industria, o una persona respondiendo a un evento de desorden en su vida o a un proceso continuo como el envejecimiento. Tras el desorden, los sistemas vivos anhelan estabilidad, pero la alcanzan en un lugar nuevo. Peter Sterling (el neurocientífico) y Joseph Eyer (el biólogo) acuñaron el término alostasis para describir este proceso. Alostasis proviene del griego *allo*, que significa "variable", y *stasis*, que,

INTRODUCCIÓN **19**

como vimos, significa "estar de pie". Sterling y Eyer definieron la alostasis como "estabilidad a través del cambio".

Mientras que la homeostasis describe un patrón de orden-desorden-orden, la alostasis describe un patrón de orden-desorden-reorden. La homeostasis establece que, después de un evento de desorden, los sistemas saludables regresan a la estabilidad donde comenzaron: de X a Y a X. La alostasis afirma que los sistemas saludables regresan a la estabilidad, pero en un lugar nuevo: de X a Y a Z.[3] La homeostasis es, en gran medida, un nombre inapropiado. Todo está cambiando siempre, incluyéndonos a nosotros. Constantemente estamos en algún lugar del ciclo de orden, desorden y reordenamiento. Nuestra estabilidad proviene de nuestra capacidad para navegar por este ciclo, o como dicen Sterling y Eyer: "Logramos estabilidad a través del cambio". Interpreto esta frase con un doble sentido: la forma de mantenerse estable durante el proceso de cambio *es cambiando*, al menos hasta cierto punto.

Para ilustrar mejor este concepto, pasemos de una visión general de la alostasis a algunos ejemplos simples y concretos: si comienzas a levantar pesas o a hacer jardinería con regularidad, la piel de tus manos casi siempre se verá afectada. En lugar de intentar mantenerse suave en vano, desarrollará callos para poder enfrentar mejor el desafío. Si estás acostumbrado a cambiar constantemente tu atención en un mundo digital, tu cerebro al principio resistirá leer un libro sin distracciones. Pero si perseveras, tu cerebro se adaptará y se reconfigurará para mejorar su concentración; lo que los científicos llaman *neurogénesis* o *neuroplasticidad*. Otro ejemplo es experimentar depresión o desamor. La recuperación no consiste en volver a ser como eras antes de experimentar un dolor psíquico intenso. Más bien, se trata de

---

[3] Algunos científicos ahora usan el término *regulación homeostática ascendente* para describir componentes de la alostasis. Nos vamos a quedar con esta última terminología para minimizar la confusión entre los modelos de cambio antiguos y nuevos.

avanzar, generalmente con una mayor tolerancia al sufrimiento emocional y una mayor compasión por los demás que están sufriendo. En estos ejemplos, se logra la estabilidad no luchando contra el cambio o regresando a donde se estaba sino trabajando hábilmente con el cambio y llegando a un nuevo lugar.

"El objetivo clave de la regulación no es la constancia rígida", escribe Sterling. "Más bien, es la capacidad flexible para la variación adaptativa".[4]

Una vez que eres consciente de la alostasis, la ves en todas partes

Sterling y Eyer describieron por primera vez los principios básicos de la alostasis en 1988, pero el concepto sigue siendo poco conocido entre el público en general.[5] Esto es desafortunado, porque resulta que la alostasis es el modelo más preciso y beneficioso para representar el cambio y cómo nuestras identidades evolucionan y crecen con el tiempo. Los siguientes ejemplos muestran su profunda universalidad.

La evolución, la gran teoría de la ciencia natural, es el proceso mediante el cual la vida avanza adaptándose a circunstancias que cambian continuamente. No hay forma de volver a como las cosas eran antes. El cambio es una constante. Las especies que se adaptan prosperan y perduran. Las especies que resisten sufren y se extinguen.

En la literatura, *el viaje del héroe* describe el tema predominante en los mitos de diversas culturas y épocas. El héroe comienza

---

[4] Peter Sterling, *What Is Health?: Allostasis and the Evolution of Human Design*, Cambridge, Massachusetts: MIT, 2020, p. xi.

[5] Sung W. Lee, "Un enfoque copernicano para el avance del cerebro: El paradigma de la orquestación alostática", *Frontiers in Human Neuroscience*, vol. 26, núm. 13, 2019, p. 129, https://pubmed.ncbi.nlm.nih.gov/31105539.

INTRODUCCIÓN 21

en un entorno hogareño estable; experimenta un gran cambio o evento de desorden; se ve obligado a abandonar ese entorno hogareño estable; se aventura en un nuevo mundo donde enfrenta obstáculos y desafíos; y finalmente regresa a casa, con un sentido de sí mismo que es igual pero también se ha transformado. Este arquetipo describe mitos e historias que van desde Moisés con los israelitas hasta Siddhartha Gautama en el budismo, pasando por Simba de *El rey león* y Mirabel de *Encanto*.

Uno de los fundadores de la psicología moderna, Carl Jung, utilizó un círculo para representar la transformación continua del *yo*, argumentando que el proceso de convertirse en un individuo es uno de adaptación y crecimiento perpetuo.[6] Desde entonces, algunos modelos terapéuticos más recientes, como la terapia cognitivo-conductual (TCC) y la terapia de aceptación y compromiso (TAC), enseñan a las personas a no resistirse a la impermanencia o intentar volver a donde estaban, sino a abrirse a ella, trabajar con ella y trascenderla.

El fraile franciscano Richard Rohr enseña que nos convertimos en nuestro yo más auténtico a través de ciclos de orden, desorden y reordenamiento. Llama a esto el *patrón de sabiduría universal*. El maestro budista y psicoterapeuta Mark Epstein escribe que liberarnos de la ansiedad requiere aprender a navegar los ciclos inevitables de integración, desintegración y *re*integración, lo que él llama *hacerse pedazos sin desmoronarse*.

En la ciencia organizacional, los investigadores describen el cambio exitoso como un patrón de congelación, descongelación y recongelación. El periodo de descongelación es a menudo caótico, pero es un paso necesario para llegar a un punto final

---

[6] David J. Leigh, "La psicología arquetípica de Carl Jung, literatura y significado último", *Ultimate Reality and Meaning*, vol. 34, núm. 1-2, marzo, 2011, pp. 95-112, https://utpjournals.press/doi/abs/10.3138/uram.34.1-2.95.

estable y mejorado.[7] Mientras tanto, los terapeutas relacionales hablan de ciclos de armonía, desarmonía y reparación como la clave para el crecimiento en todos nuestros lazos importantes.

Las personas y las organizaciones felices, saludables y con un desempeño sostenible también exhiben este patrón. Mantienen una identidad fuerte y duradera al rehacerse repetidamente. Tienen el coraje de abandonar su posición actual, entrar en el desorden y llegar a una estabilidad mejorada y un sentido de sí mismos en el futuro. Lo que todos tienen en común es una visión de la identidad como algo estable y cambiante al mismo tiempo.

Algunas formas de representar los ciclos continuos de cambio y progreso

- Orden → Desorden → Reorden
- Estabilidad en X → Caos e incertidumbre en Y → Estabilidad en Z
- Integración → Desintegración → Reintegración
- Orientación → Desorientación → Reorientación
- Congelación → Descongelación → Recongelación
- Armonía → Desarmonía → Reparación

Un principio guía en mi trabajo, tanto como escritor como entrenador, es el reconocimiento de patrones. No me interesan los *hacks*, las soluciones rápidas o los análisis superficiales, todos los cuales tienden a prometer grandes cosas, pero son ineficientes en el mundo real. Independientemente de lo que digan los vendedores, los titulares de *clickbait* y los evangelistas de la pseudociencia, no hay lociones, pociones o píldoras mágicas cuando se trata de

---

[7] Syed Talib Hussain *et al.*, "El modelo de cambio de Kurt Lewin: Una revisión crítica del rol del liderazgo y la participación de los empleados en el cambio organizacional", *Journal of Innovation & Knowledge*, vol. 3, núm. 3, septiembre-diciembre, 2018, pp. 123-27, https://www.sciencedirect.com/science/article/pii/S2444597800632217416 9X16300087.

excelencia genuina, bienestar duradero y fuerza perdurable. Lo que me interesa es la convergencia. Si múltiples campos de investigación científica, las principales tradiciones de sabiduría en el mundo y las prácticas de las personas y organizaciones que han demostrado excelencia y satisfacción a lo largo del tiempo apuntan hacia las mismas verdades, entonces esas verdades probablemente merecen ser tomadas en cuenta. En este caso, el cambio y la impermanencia no son fenómenos que debamos temer o resistir, al menos no como una posición por defecto. Aunque el concepto histórico de homeostasis ha penetrado profundamente en nuestra psique colectiva, es un modelo desactualizado para navegar la vida, promover la salud mental y alcanzar la excelencia genuina. La alostasis tiene mucho más sentido.

Flexibilidad robusta

Cuando me enfrenté por primera vez a la omnipresencia del cambio, me sentí incómodo. Soy una persona que anhela la estabilidad. Me gusta tener un plan y seguirlo. Si dibujaras una línea con estabilidad en un extremo y cambio en el otro, podrías situarme a un milímetro (y eso sería generoso) del extremo de la estabilidad. Sin embargo, a medida que continuaba en mi propio camino de vida, experimentando todo tipo de volatilidad, y al comenzar a investigar para este libro, me di cuenta de que no existe tal línea. Esta es la razón por la que este descubrimiento es tan poderoso: además de las grandes vicisitudes de la vida que mencionamos anteriormente (el envejecimiento, la enfermedad, las relaciones, las mudanzas, la agitación social, y así sucesivamente), una vez que comencé a practicar los principios de la flexibilidad robusta que aprenderás en las páginas siguientes (enfatizo la palabra "practicar", ya que este será un proceso de por vida para todos nosotros), también comencé a sentirme menos inquieto y preocupado por las cosas más pequeñas. No me molestaban tanto los cambios no planeados en mi trabajo.

Me frustraba menos y me sentía menos desorientado cuando mi *horario perfecto* se desmoronaba debido a un hijo enfermo en casa, un perro con diarrea, una mala señal de internet, y todo tipo de otras piedras proverbiales en mis zapatos. Cuando experimenté complicaciones después de la cirugía y mi tiempo de rehabilitación se duplicó, no me molestó tanto como antes lo habría hecho. Aunque estas cosas parecen (y en la mayoría de los casos son) relativamente triviales, se suman y dejan a muchos de nosotros sintiéndonos crónicamente frustrados y rindiendo por debajo de nuestro potencial. Solo piensa en cuántos malos días en el trabajo, discusiones con tu pareja y noches de insomnio son en realidad el resultado de sentimientos de angustia causados por la incertidumbre y el cambio.

Si bien algunas cosas en la vida realmente solo pueden ser de una u otra forma (o respetas el límite de velocidad o no lo respetas; o estás embarazada o no lo estás), muchas otras son de ambas formas. Por ejemplo, la toma de decisiones no se trata de razón o emoción; se trata de razón *y* emoción. La dureza no se trata de autodisciplina o autocompasión; se trata de autodisciplina *y* autocompasión. El progreso en casi cualquier esfuerzo no se trata de trabajo arduo o descanso; se trata de trabajo arduo *y* descanso. Los filósofos llaman *no dual* a este tipo de pensamiento. Este tipo de pensamiento reconoce que el mundo es complejo, que en mucho es matizado, y que la verdad a menudo se encuentra en la paradoja: no esto *o* aquello, sino esto *y* aquello. El pensamiento no dual es un concepto importante, aunque espectacularmente subutilizado en muchos aspectos de la vida, incluido el tema que aquí trato. Como tal, aparecerá repetidamente a lo largo de este libro.

Cuando aplicas el pensamiento no dual a la estabilidad y el cambio, sucede algo interesante. El objetivo no es estar estable y, por lo tanto, nunca cambiar. Tampoco es sacrificar todo sentido de estabilidad, entregándote pasivamente a los caprichos de la vida. Más bien, el objetivo es unir estas cualidades para cultivar lo que llamo *flexibilidad robusta*. Ser robusto es ser resistente, determinado y duradero. Ser flexible es responder conscientemente a circunstancias o condiciones alteradas, adaptarse y doblarse fácilmente sin romperse. El resultado es una resistencia tenaz, una antifragilidad que no solo resiste el cambio, sino que prospera en medio de él. Esta es la *flexibilidad robusta*, la cualidad que necesitas para convertirte en un *maestro del cambio*, para navegar con éxito el desorden y el caos, y perdurar a largo plazo.

La flexibilidad robusta reconoce que después del desorden no hay vuelta atrás a la forma en que estaban las cosas; no hay más orden, solo reordenar. El objetivo de la flexibilidad robusta es llegar a un reordenamiento favorable; mantener una identidad central fuerte, pero, al mismo tiempo, adaptarse, evolucionar y crecer. A diferencia de las viejas formas de abordar el cambio, la flexibilidad robusta concibe el cambio no como un evento agudo que te sucede, sino como una constante de la vida, un ciclo en el que eres un participante continuo. A través de este cambio transformador, llegas a ver el cambio y el desorden como algo con lo que estás en conversación, un baile continuo entre tú y el entorno. Cuanto más habilidoso te vuelvas en este baile, más feliz, saludable y fuerte serás.

Los principios de la flexibilidad robusta

En años anteriores, he pasado incontables horas pensando en cómo la flexibilidad robusta puede ayudarnos a dominar el cambio y cómo desarrollarla de la mejor manera. He leído miles y miles de páginas de filosofía y psicología, he examinado las últimas investigaciones en neurociencia, y he entrevistado a cientos de expertos de diversas disciplinas. He emprendido este viaje para mí, para mis clientes de *coaching* y para ti. El resto de este libro expone lo que he encontrado. Está dividido en tres partes: "Mentalidad robusta y flexible", "Identidad robusta y flexible" y "Acciones robustas y flexibles". En cada parte detallaré las cualidades, hábitos y prácticas esenciales basadas en evidencia sobre los que se funda la flexibilidad robusta.

En la primera parte, aprenderemos cómo desarrollar una *mentalidad robusta y flexible*. Esto nos ayudará a cultivar una relación más armoniosa con el cambio. Exploraremos por qué el cambio a menudo resulta desconcertante, la diferencia entre *tener* y *ser*, y por qué la percepción de la impermanencia puede ser aterradora al principio pero, en última instancia, empoderadora. Profundizaremos en investigaciones fascinantes sobre el funcionamiento de la conciencia y aprenderemos a fomentar una sensibilidad crucial llamada *optimismo trágico*. Veremos cómo una mentalidad robusta y flexible requiere abrirse al flujo de la vida y esperar que sea difícil, lo cual, paradójicamente, hace que el cambio, es decir, la *vida*, sea un poco más fácil.

En la segunda parte, aprenderemos cómo desarrollar una *identidad robusta y flexible*. Esto nos ayudará a entender que nosotros, y todo lo que nos rodea, estamos siempre cambiando. Investigaremos enseñanzas ancestrales sobre el *yo*; exploraremos por qué el ego es tan desafiante con el cambio y cómo su fortaleza puede ser útil (es decir, hasta que se vuelve un obstáculo); y profundizaremos en la investigación más reciente sobre teoría de la complejidad, pensamiento sistémico y ecología. Veremos que diversos campos de investigación convergen en dos temas importantes: desarrollar un sentido fluido del *yo* y cultivar límites robustos y flexibles para tu camino en desarrollo.

En la tercera parte, aprenderemos cómo elegir *acciones robustas y flexibles*. Aunque estar en conversación con el cambio significa ceder en cierto grado el control, no significa cederlo por completo. No podemos controlar lo que nos sucede, pero podemos controlar lo que hacemos con el resultado. Conoceremos investigaciones fascinantes que muestran que el núcleo de quienes somos no está en nuestros pensamientos sino en nuestros sentimientos y en los comportamientos que los generan. Profundizaremos en la neurociencia del carácter, aprendiendo que, mientras el *hardware* del cerebro es bastante rígido, su *software* es altamente maleable, actualizándose en función de las acciones que tomamos, especialmente en situaciones emocionalmente cargadas. Esta es una

INTRODUCCIÓN · 27

buena noticia: nos permite responder en lugar de reaccionar y convertir la lucha en significado.

Un camino versus un sendero

Antes de adentrarnos en el corazón de este libro, consideremos brevemente la diferencia entre un camino y un sendero, lo cual servirá como metáfora útil para lo que sigue. Un camino es lineal y tiene como objetivo llevarte de un lugar a otro con la mayor rapidez y el menor esfuerzo posible. Un camino se impone al paisaje; en lugar de aliarse con su entorno, avanza sobre lo que se interponga en su ruta. Cuando viajas por un camino, conoces tu destino. Si te sales, es algo claramente negativo; vuelves a incorporarte y reanudas el viaje sin problemas. Oportunidades interesantes pueden llamarte desde las orillas, pero, cuando estás en un camino, el objetivo es permanecer en él, llegar a tu destino lo más rápido posible.

Un sendero, por otro lado, es muy diferente. Trabaja en armonía con su entorno. Cuando viajas por un sendero, puedes tener una idea general de adónde vas, pero estás abierto a navegar, quizás incluso aprovechar los desvíos que surjan. Un sendero no está separado de su entorno, sino que es parte de él. Si te sales de un camino, puede ser traumatizante y desorientador. Pero no hay tal cosa como salirte de un sendero, ya que este siempre se está desplegando y revelando ante ti. Un camino resiste al tiempo y a los elementos, acumulando tensión hasta que se agrieta y se desmorona. Un sendero abraza el cambio y se está reconfigurando constantemente. Aunque al principio un camino pueda parecer más fuerte, un sendero es mucho más robusto, duradero y persistente.

Cultivar un sentido fuerte y duradero de uno mismo significa tratar tu vida como un sendero. Requiere que no te apegues demasiado a ningún periodo de *orden* o a ninguna ruta específica, lo que generalmente causa más daño que bien y conlleva todo tipo de oportunidades perdidas. La ciencia demuestra de manera abrumadora que cuanto más estrés (lo que los investigadores llaman *carga alostática*) experimenta una persona, organización o cultura durante periodos de desorden, mayor es su probabilidad de enfermedad y declive.[8] Afortunadamente, la misma ciencia también está de acuerdo en que podemos fortalecernos y crecer a partir del cambio, y que mucho de cómo lo navegamos es conductual; es decir, se puede desarrollar y practicar, que es de lo que trata el resto de este libro.[9]

---

[8] Bruce S. McEwen, "Alostasis y carga alostática: Implicaciones para la neuropsicofarmacología", *Neuropsychopharmacology*, vol. 22, 2000, pp. 108-124, https://www.nature.com/articles/1395453.

[9] Consideré por primera vez la diferencia entre un camino y un sendero después de leer el ensayo de 1968 "A Native Hill", de Wendell Berry, que examina la diferencia entre los paisajes literales de caminos y senderos.

PARTE 1

MENTALIDAD ROBUSTA Y FLEXIBLE

CAPÍTULO 1
ESTAR ABIERTO AL FLUJO DE LA VIDA

Se perfilaba como el viaje de sus vidas, pero por razones que nadie podría haber imaginado. Tommy Caldwell, un escalador profesional de veintitantos años, estaba explorando las remotas montañas de Kirguistán con su compañera Beth Rodden, su amigo cercano Jason Smith y el fotógrafo John Dickey, todos ellos también escaladores experimentados. Llevaban unos días en su aventura y se encontraban en el valle de Kara Su, una parte de Kirguistán con imponentes paredes verticales de roca, semejantes a las del parque nacional de Yosemite. Tras una larga jornada de escalada ardua y con la necesidad desesperada de un respiro, decidieron hacer un *vivac* en un *portaledge*. *Vivac* es un campamento al aire libre, y un *portaledge* es una plataforma de aluminio anclada a un lado de una montaña. Suspendido bajo las estrellas, junto al amor de su vida, Caldwell se sentía elevado física, emocional y espiritualmente. El grupo empezó a relajarse y a disfrutar, esperando una velada tranquila. Pero como dice el viejo proverbio yidish: *Mann tracht, un Gott lacht*, el hombre planea y Dios se ríe.

No pasó mucho tiempo después de que se acomodaran cuando los escaladores escucharon una serie de disparos provenientes de abajo. Al principio asumieron que era una escaramuza entre rebeldes, algo común en la región. Cambiaron de idea rápidamente cuando las balas empezaron a rebotar en las rocas alrededor de ellos. Su tranquilo *portaledge* se había convertido en un objetivo.

Caldwell, Rodden, Dickey y Smith decidieron que lo mejor era negociar con los hombres armados. Enviaron a Dickey, el más viejo del grupo, de apenas 25 años. Tan pronto como terminó de rapelear hasta la base de la montaña, Dickey fue confrontado por tres miembros armados del Movimiento Islámico de Uzbekistán, una milicia que lucha por la creación de un Estado musulmán independiente en Kirguistán.

Los rebeldes hablaban casi nada de inglés, pero dejaron claro que no negociarían la libertad de los estadounidenses. Dickey convocó al resto del grupo de escaladores para que bajaran la montaña, y así comenzó su experiencia como cautivos. Si había alguna incertidumbre sobre la precariedad de su situación, terminó unas pocas horas después de su detención, cuando los rebeldes dispararon y mataron a un soldado kirguiso al que también habían tomado como rehén.

Durante los siguientes cinco días, el grupo atravesó el terreno montañoso a punta de pistola, caminando durante la noche, escondiéndose durante el día y moviéndose dentro y fuera de enclaves donde no serían avistados por miembros del ejército kirguiso. Caldwell y sus amigos no recibieron comida y se vieron obligados a beber agua contaminada. Tenían frío, se sentían enfermos y hambrientos, y se aferraban a la esperanza con un hilo que, con cada hora que pasaba, parecía más frágil.

Para el sexto día, la situación era insostenible para todos, incluidos los rebeldes, que decidieron separarse para buscar comida. A un rebelde le tocó llevar a los escaladores a una parte apartada de la montaña, donde esperarían fuera de la vista del ejército kirguiso o de otros posibles rescatadores. A medida que ascendían, Caldwell, Rodden, Dickey y Smith notaron que su captor estaba incómodo en la pared de roca. Sí, estaba armado, pero cuanto más alto subían, más tembloroso y nervioso se ponía. Esto, pensó Caldwell, era una ventana de oportunidad.

ESTAR ABIERTO AL FLUJO DE LA VIDA   **33**

Después de agonizar con la idea durante lo que pareció una eternidad, Caldwell sabía lo que tenía que hacerse (lo que él tenía que hacer). El grupo llegó a un pequeño y áspero acantilado con una saliente apenas lo suficientemente ancha para sostenerlos a todos. Aunque esta clase de topografía era familiar para Caldwell, Rodden, Dickey y Smith, no era así para el rebelde, que parecía más preocupado por su equilibrio que por sus cautivos. Caldwell reunió todas sus fuerzas, físicas y psicológicas, saltó y empujó al rebelde. ¡BUM! ¡CLAC! ¡BUM! El rebelde cayó, golpeó una saliente, rodó y desapareció por el acantilado hacia la oscuridad absoluta e infinita. Al pensar en esto, Caldwell no podía creerlo. "Acababa de matar a alguien. Todo el mundo se derrumbó sobre mí".[1]

En ese momento, sin embargo, no había tiempo para que los escaladores procesaran lo que había sucedido. Sabían que el segundo captor estaba cerca y que los mataría si no escapaban. Los escaladores se reagruparon rápidamente y corrieron durante más de cuatro horas hasta que finalmente tropezaron con una base militar kirguisa. Ahí les dieron comida y agua; poco después fueron evacuados en helicóptero de las montañas y enviados de regreso a Estados Unidos.

No pasó mucho tiempo de que Caldwell llegó a casa en Loveland, Colorado, que la magnitud de lo sucedido comenzó a manifestarse. "Pensé que yo era una persona malvada", recuerda Caldwell. "Le dije a Beth: '¿Cómo puedes amarme después de haber hecho algo así?'".

Caldwell no pudo escapar del hecho de que esta experiencia lo había cambiado significativamente. Ya no era solo un escalador amable, alegre y optimista. También era alguien que había matado a otro ser humano. Luchó por integrar este evento de desorden masivo en su narrativa, convirtiéndolo en un caparazón

---

[1] Hayden Carpenter, "The Dawn Wall Is a Great, But Incomplete, Climbing Film", *Outside*, 18 de septiembre de 2018.

de su antiguo *yo*, optimista y enérgico. Sus amigos y familiares apenas podían reconocerlo. Intentó seguir con su vida como antes, minimizando y resistiendo la inmensidad de su experiencia; sin embargo, solo se volvió más ansioso, distante de los demás y disociado de sí mismo, o al menos del *yo* que pensaba que era, del *yo* que había sido. Aunque lo sucedido en las montañas fue increíblemente duro, en muchos sentidos, las consecuencias lo fueron más. La identidad de Caldwell había cambiado en un instante. Fue una experiencia dolorosa y desconcertante.

El cambio es desconcertante

Antes de profundizar en cómo manejar mejor el cambio, primero debemos reconocer que el cambio rara vez, o quizás nunca, es fácil. La historia de Caldwell es extrema, pero su enseñanza es universal. Para muchas personas, el cambio tiende a ser una abrumadora fuente de angustia, cuyos efectos son perjudiciales para la salud, las relaciones y la capacidad de prosperar. Sin embargo, como pronto se verá, no es tanto el cambio en sí lo que causa daño, sino nuestra lenta aceptación del mismo o, en algunos casos, nuestra franca resistencia y rechazo. A menudo, este es nuestro primer obstáculo. Si queremos trabajar productivamente con el cambio, tenemos que verlo tal como es, lo cual requiere que superemos nuestras reacciones condicionadas y adoptemos una mentalidad que acepte y abrace el cambio como algo inevitable. Durante el resto de este capítulo, defenderé esta mentalidad y comenzaré a mostrarte cómo desarrollarla. Comenzaremos examinando un estudio innovador que no utilizó más que un cronómetro y un juego de barajas.

A mediados del siglo xx, los psicólogos de Harvard Jerome Bruner y Leo Postman estaban interesados en cómo la gente percibe y reacciona ante cambios inesperados e incongruencias. En lo que resultó ser un experimento histórico que se publicó en 1949 en *The Journal of Personality*, Bruner y Postman presentaron a los participantes paquetes de barajas que contenían anomalías: por ejemplo, un seis de picas rojo o un diez de corazones negro. Una por una, las tarjetas fueron mostradas frente a los participantes. Mientras que algunos sujetos reconocieron y describieron rápidamente las cartas anómalas, otros quedaron estupefactos. Si a los sujetos les tomó 20 milisegundos reconocer y describir una tarjeta normal, es posible que les haya tomado entre 100 y 200 milisegundos reconocer y describir las anómalas. Para aquellos que no estaban dispuestos a ajustar sus ideas preconcebidas sobre cómo se verían los naipes, requirió 15 veces más la exposición promedio de una carta normal. "Es confuso. Sea lo que sea. Ni siquiera parecía una carta. No sé de qué color es ahora ni si es una pica o un corazón. Ni siquiera estoy seguro de cómo es una pica. ¡¡Dios mío!!", exclamó uno de los participantes.[2]

En otro estudio icónico, realizado casi al mismo tiempo en el Instituto Hanover en Indiana, los investigadores diseñaron gafas con lentes invertidas especializadas. Cuando los sujetos se ponían las gafas, sus mundos se ponían patas arriba. Como resultado, perdieron por completo su función perceptiva y experimentaron una disociación extrema, desorientación e incluso crisis personales. Más que nada, los participantes informaron sentirse perdidos.[3]

Estos dos experimentos se consideran fundamentales en el campo de las ciencias sociales. Desde que fueron publicados, muchos otros experimentos muestran que las personas batallan con situaciones inesperadas, especialmente cuando esos cambios

---

[2] Jerome S. Bruner y Leo Postman, "Sobre la percepción de la incongruencia: Un paradigma", *Journal of Personality*, vol. 18, núm. 2, diciembre, 1949, pp. 206-223, https://psychclassics.yorku.ca/Bruner/Cards.

[3] Thomas S. Kuhn, *The Structure of Scientific Revolutions*, Chicago: University of Chicago Press, 2012, pp. 112-113.

están estrechamente relacionados con el sentido que tienen de sí mismas.[4] Esto es cierto en el entorno seguro y controlado de un laboratorio, y aún más en la vida real. Piensa en Tommy Caldwell. ¿Cuál fue su experiencia en Kirguistán sino recibir una partida de cartas inimaginable, una vida de repente invertida en su eje?

Las principales tradiciones filosóficas del mundo reconocen el desafío del cambio. Durante más de 2500 años, el objetivo central del budismo ha sido abordar el sufrimiento causado por el apego, por aferrarse demasiado a las posesiones, planes y al concepto del *yo* en un mundo donde todo siempre fluye. La palabra en sánscrito *viparinama-dukka* se traduce aproximadamente como "la insatisfacción que resulta del apego en medio del cambio". Toda la filosofía budista trata de reducir esta insatisfacción aprendiendo a aceptar y trabajar con la impermanencia.

Casi al mismo tiempo en que el Buda histórico estaba desarrollando sus enseñanzas, el antiguo filósofo chino Lao Tzu escribió el *Tao Te Ching*, que se convertiría en la base del taoísmo filosófico. En él, Tzu describe la vida como un camino dinámico lleno de incertidumbre e inestabilidad cuyo origen es un flujo energético. "Si no te das cuenta del origen, tropiezas con confusión y dolor", escribe.[5]

Hacia el oeste y unos siglos después, presagiando lo que se convertiría en la popular oración de serenidad cristiana, el filósofo estoico Epicteto presentó su dicotomía del control: aunque hay algunas cosas en la vida que puedes controlar, hay mucho

---

[4] Barbara Wisse y Ed Sleebos, "Cuando el cambio causa estrés: Efectos sobre la autoconstrucción y consecuencias del cambio", *Journal of Business and Psychology*, vol. 31, junio, 2016, pp. 249-264, https://link.springer.com/article/10.1007/s10869-015-9411-z.

[5] Lao Tzu, *Tao Te Ching: A New English Version*, trad. Stephen Mitchell, Nueva York: Harper Perennial, 2006, p. 16.

ESTAR ABIERTO AL FLUJO DE LA VIDA   **37**

que no puedes. El sufrimiento, enseñó Epicteto, surge al tratar de manipular lo último.[6] Más recientemente, los filósofos existencialistas (algunos de los más grandes pensadores de los siglos XIX y XX como Jean-Paul Sartre, Søren Kierkegaard, Albert Camus, Friedrich Nietzsche y Simone de Beauvoir) a menudo hablaban del *dilema existencial,* o la corriente subyacente de confusión y miedo que acompaña vivir en un vasto mundo donde todo es impermanente.

Avancemos hasta el día de hoy cuando sabemos que resistir el cambio da como resultado no solo sufrimiento psicológico, sino también físico. La ciencia muestra que, cuando luchas crónicamente contra el cambio, tu cuerpo libera cortisol, la hormona del estrés que está asociada con el síndrome metabólico, insomnio, inflamación, pérdida de masa muscular y muchas otras dolencias.[7] Quizás lo único que no ha cambiado en los últimos 2 500 años es lo difícil que es el cambio y cuán inútil y poco saludable, tanto para la mente como para el cuerpo, es resistirlo.

Afortunadamente, los efectos del cambio no tienen que ser perjudiciales si sabemos cómo manejarlo. En el experimento de Bruner y Postman, una vez que los sujetos aceptaron las cartas anómalas como parte de una nueva normalidad, su angustia se evaporó rápidamente. En el estudio de las gafas invertidas de Hanover, si los sujetos superaban su desconcierto inicial y lograban pasar de la rigidez y la resistencia a un estado más relajado y abierto, comprendían su visión invertida y encontraban su rumbo nuevamente. El budismo, el taoísmo, el estoicismo y el existencialismo enseñan que una vida buena, profunda y significativa es posible, incluso probable, si podemos aprender a aceptar y trabajar con la inevitabilidad del cambio implacable. Mientras

---

[6] *Epictetus: Discourses and Selected Writings,* trad. y ed. Robert Dobbin, Nueva York: Penguin, 2008, pp. 178-185.

[7] Stephan J. Guyenet, *The Hungry Brain: Outsmarting the Instincts That Make Us Overeat,* Nueva York: Flatiron Books, 2018, p. 205.

tanto, la misma ciencia moderna que demuestra los efectos dañinos del cambio también ofrece pruebas de que, si podemos dejar de lado nuestra terquedad y desafío, el cambio en realidad promueve la salud, la longevidad y el crecimiento.[8] Poniendo todo esto junto, emerge un tema común: el objetivo es abrirse al flujo de la vida y aceptar el cambio, asimilar las cartas anómalas en nuestras propias experiencias y sentirnos cómodos en un mundo que, a veces, parece estar al revés.

Esto no es fácil. Si lo fuera, todos lo estarían haciendo. Sin embargo, sospecho que la mayoría de nosotros sabe cuándo nos estamos resistiendo a los cambios en nuestras vidas, ya sean buenos o malos. Si nos preguntamos algo así como: "¿qué está pasando realmente ahora y qué puedo hacer al respecto?", tendemos a saber en el fondo si nos estamos engañando o no. Trabajar mucho para idear una historia o justificación para lo que está sucediendo en lugar de responder de manera directa es una buena señal de que probablemente hay una resistencia acumulada. Por difícil que sea al principio, si podemos responder de manera directa, levantaremos un peso enorme de nuestros hombros: el de la resistencia, la negación y el engaño. Con ese peso levantado, podremos iniciar una conversación con el cambio en lugar de que sea algo que nos está sucediendo. Este cambio es empoderador. Nos convierte en participantes más activos de nuestras propias vidas y nos permite dar forma a nuestras historias.

Un breve (e importante) desvío sobre el progreso, la resistencia y el cambio social

A principios del siglo XV, los europeos entendían la Tierra como el centro del universo, una creencia que estaba profundamente

---

[8] Kelly McGonigal, *The Upside of Stress: Why Stress Is Good for You, and How to Get Good at It*, Nueva York: Avery, 2016.

ESTAR ABIERTO AL FLUJO DE LA VIDA **39**

entrelazada con el dogma religioso de la época. La Iglesia insistía en que Dios había creado al hombre y lo había colocado en el centro. Pero en la mente de un intrépido matemático y astrónomo, eso simplemente no podía ser el caso. Dios podría haber sido omnipotente, pero las matemáticas no coincidían.

En 1514, Nicolás Copérnico compartió su elegante modelo del universo con un grupo selecto de amigos. La salida y la puesta del Sol, el movimiento de las estrellas y el cambio de las estaciones no se debían a fuerzas celestiales sino al hecho de que la Tierra rotaba alrededor del Sol. Le llevó otros 29 años finalizar un borrador de su manuscrito, *De Revolutionibus Orbium*, traducido al español como *Sobre las revoluciones de las esferas celestes*. Presintiendo que su obra maestra podría causar una reacción en contra, Copérnico decidió, puramente por cuestión de diplomacia, dedicar el libro al Papa en funciones, Pablo III.[9] Para su alivio, la Iglesia no lo prohibió, al menos no de inmediato. Copérnico no viviría para ver si su teoría era ampliamente aceptada. Murió en mayo de 1543, dos meses después de su publicación.[10]

Sobre las revoluciones de las esferas celestes estuvo en circulación el tiempo suficiente para que otro joven astrónomo trabajara a partir de él. Nacido en Pisa, Italia, en 1564, Galileo Galilei estuvo fascinado por los cielos desde una edad temprana. Entre todos los materiales que leyó, la teoría que más sentido le hacía a Galileo era la de Copérnico. Para entonces se le llamaba *heliocentrismo*, o el sol en el centro. Durante años, Galileo afinó y divulgó el heliocentrismo. En 1616, en el apogeo de su madurez intelectual, recibió una orden de la Iglesia para que dejara de enseñarlo, bajo pena de enfrentar graves consecuencias.

---

[9] Nicolaus Copernicus, dedicatoria de *Revolutions of the Heavenly Bodies* al Papa Paulo III, 1543, https://hti.osu.edu/sites/hti.osu.edu/files/dedication_of_the_revolutions_ of_the_heavenly_bodies_to_pope_paul_iii_0.pdf.

[10] "Nicolaus Copernicus", *Encyclopedia Britannica* [en línea], consultada el 12 de octubre de 2022, https://www.britannica.com/biography/ Nicolaus-Copernicus/Publication-of-De-revolutionibus.

Pero Galileo no se dejó disuadir. En 1632 publicó *Diálogo sobre los dos máximos sistemas del mundo: ptolemaico y copernicano*, en el que defendía inequívocamente el heliocentrismo. El libro fue rápidamente prohibido y Galileo fue convocado por la Inquisición, un poderoso tribunal establecido dentro de la Iglesia católica para erradicar y castigar la herejía en toda Europa y América. Fue condenado a arresto domiciliario, condición en la que vivió durante 10 años hasta su muerte en 1642.

El *Diálogo* permaneció en la lista de libros prohibidos durante 111 años. Finalmente se publicó una versión fuertemente censurada en 1744. La versión original no se volvió a publicar hasta 1835, más de 200 años después de su publicación inicial. Ese mismo año, también se levantó finalmente la prohibición de la Iglesia al libro *Sobre las revoluciones de las esferas celestes*.[11] Solo podemos esperar que, si el cielo existe, Copérnico y Galileo compartieron una sonrisa mientras observaban desde arriba cómo millones de personas leían su trabajo, todas ellas en un planeta que, de hecho, estaba orbitando alrededor del sol.

Afortunadamente, muchas cosas *han cambiado* en los últimos 400 años. El método científico, que en esencia consiste en contrastar las propias ideas preconcebidas con la realidad y estar abierto al cambio, es ahora una forma de pensar dominante en muchas partes del mundo. Aun así, la introducción de conceptos novedosos sigue provocando muchas polémicas y disputas. En su popular libro *La estructura de las revoluciones científicas*, el filósofo Thomas S. Kuhn observa que el progreso científico sigue un ciclo predecible: la primera etapa es la normalidad, en la que hay un acuerdo general sobre cómo son las cosas. Entonces alguien hace un descubrimiento que trastoca la forma de pensar establecida, lo que a menudo conduce a una crisis. Sigue un periodo

---

[11] Nicholas P. Leveillee, "Copérnico, Galileo y la Iglesia: ciencia en un mundo religioso", *Inquiries*, vol. 3, núm. 5, 2011, p. 2, http://www.inquiriesjournal.com/articles/1675/2/copernicus-galileo-and-the-church-science-in-a-religious-world.

de confusión e inquietud (el equivalente social a usar las gafas invertidas de Hanover por primera vez), hasta que finalmente se alcanza un nuevo paradigma. Esencialmente, Kuhn describe el progreso científico como un ciclo de orden, desorden y reordenamiento.

Piensa en la rapidez con la que se ha producido, y sigue ocurriendo, el proceso que describe Kuhn con respecto a la pandemia de covid. Menos de dos años después de que un nuevo virus se propagara por todo el mundo, la ciencia había desenredado los mecanismos de transmisión y el ADN del virus, lo que condujo a vacunas y terapias eficaces. ¿Podría la ciencia haber funcionado mejor y más rápido? Absolutamente. Pero cuando lo vemos a la distancia, en comparación con donde estábamos hace unos siglos, la aceptación y la respuesta al coronavirus parece un milagro. No obstante, Kuhn observó que casi siempre hay un segmento de personas que se resiste al cambio hasta el final y, al hacerlo, deja mucho sufrimiento a su paso.[12] Desafortunadamente, esto es algo que *no* ha cambiado.

Demagogos, autoritarios y estafadores prosperan durante los periodos de desorden. Ofrecen una falsa sensación de estatus y seguridad a quienes no les gusta o se sienten amenazados por lo que está sucediendo. Representan el pasado y luchan por volver a las cosas como estaban en lugar de avanzar hacia algo mejor. Aunque este libro no pretende ser político, sería negligente no mencionar el resurgimiento en todo el mundo de líderes caudillos que avivan y se aprovechan de temores ambiguos en la población, incluso en mi propio país, Estados Unidos de América. En 2016, los estadounidenses presenciaron el ascenso de Donald Trump y

---

[12] Kuhn, *The Structure of Scientific Revolutions*, pp. 93-94.

el trumpismo, un movimiento político definido vagamente por la frase: "Hacer que Estados Unidos sea *grande de nuevo*" (las cursivas son mías).

Aunque el trumpismo puede resultar inquietante, no es sorprendente. Como vimos anteriormente en este capítulo, muchas personas entran en pánico cuando reciben barajas anómalas. El auge de los derechos LGBTQ y de las mujeres, la realidad del cambio climático y las concesiones subsiguientes que debemos enfrentar, mirando de frente el legado de la esclavitud y trabajando por una justicia racial genuina, abriendo los ojos frente al espantoso y vergonzoso costo de las leyes excesivamente laxas sobre armas y la adaptación a una economía con más tecnología y automatización, representan barajas que muchos estadounidenses nunca podrían haber imaginado. El trumpismo y otros movimientos similares aprovechan el desconcierto de la gente para ofrecerle la falsa esperanza de que, al participar en el movimiento, lograrán evadir el cambio, mantener su estatus y seguir siendo fuertes. Por supuesto, vale la pena resistirse a algunos cambios (me viene a la mente el surgimiento de fuerzas malignas como el nazismo), pero luchar contra la ciencia básica, los derechos básicos, la decencia básica y el liberalismo básico no tiene sentido, especialmente no en una sociedad fundada sobre estos ideales y que funciona bastante bien gracias a ellos.

¿No es completamente predecible que, además de minimizar, resistir o negar todos los desarrollos sociales mencionados, el trumpismo también minimizó, resistió y negó la pandemia de covid? Todo es parte del mismo síndrome subyacente: un miedo desenfrenado al cambio y una total falta de disposición para aceptarlo, mucho menos trabajar con él de manera productiva. Es lo opuesto a ser robusto y flexible. Es débil y rígido. (Por lo que vale, la derecha no tiene el monopolio del antiliberalismo. Ciertos segmentos de la izquierda política están cada vez más cerrados al discurso abierto y tergiversan los hechos, aunque, en mi opinión, no hasta el mismo grado.)

ESTAR ABIERTO AL FLUJO DE LA VIDA 43

El trumpismo y movimientos similares pueden hacer que algunas personas se sientan más seguras a corto plazo, pero son una receta para el desastre a largo plazo, pues conducen a una sociedad altamente fracturada con focos regresivos significativos. Recuerda, la vida *es* cambio. Si temes al cambio, entonces, en muchos aspectos, temes a la vida; y el miedo crónico se vuelve tóxico, tanto en el individuo como en la cultura en general. Sin embargo, si más personas tuvieran las habilidades para enfrentar la incertidumbre y la impermanencia, no tendríamos que preocuparnos tanto por estafadores, demagogos y líderes autoritarios. Al final del día, todos compartimos la fuente última de incertidumbre e impermanencia: nuestra propia mortalidad. Si pudiéramos enfrentar esto y contingencias menores con más valentía, si no necesitáramos chivos expiatorios y hombres fuertes para adormecer nuestros miedos, si en cambio pudiéramos aceptar el cambio de manera más serena, imagino que todo esto daría lugar a compasión en abundancia, pertenencia y esperanza, en lugar de extremismo, soledad y desesperación.

Llegando a la aceptación

Tommy Caldwell, a quien continuaremos usando como estudio de caso en este capítulo, siguió adelante con su vida. Aunque nunca sería la misma persona que antes de Kirguistán, se dio cuenta de que todavía había muchas experiencias alegres que vivir y grandes partes de su historia que escribir. Quizás más que nada, escalar grandes paredes le ayudó a recuperar su estabilidad en la tierra. Las actividades que se alinean con tus valores fundamentales y reducen un mundo grande, ingobernable y abrumador a uno más pequeño y manejable, son útiles para integrar cambios significativos en tu vida y caminar con confianza hacia lo desconocido (un tema que exploraremos más en las partes 2 y 3 de este libro). Para Caldwell, escalar cumplió con ese propósito. No fue una escapatoria completa, pues eso sería poco saludable y, en este caso, imposible. Los recuerdos, sentimientos esporádicos de terror y preguntas sobre quién era y de qué era capaz todavía lo atormentaban. Pero escalar era una parte de Caldwell antes, durante y después de su cautiverio, un hilo que atravesaba toda su vida y le proporcionaba continuidad. Sin mencionar que, cuando estás a cientos de metros sobre el piso, resolviendo problemas desafiantes de geometría y física, no tienes más opción que concentrarte en lo que está frente a ti, estar presente en lo que es, no en lo que fue o podría ser.

Y así Caldwell escalaba sintiéndose gradualmente más como él mismo, aunque en una nueva versión. "Mi manera de manejarlo era volver a enfrentar ese reto y seguir escalando. No sabía qué pensar sobre Kirguistán. Parte de mí se sentía empoderado. Pensaba que, cuando las cosas se habían puesto realmente feas, pude hacer lo que se necesitaba para sacarnos de ahí".

En noviembre de 2001, aproximadamente 18 meses después del viaje a Kirguistán, Caldwell y Rodden, que para entonces ya vivían juntos, estaban remodelando su casa de las Rocallosas en Estes Park, Colorado. Caldwell, de 23 años en ese momento, construía una plataforma para la nueva lavadora y secadora. Cortaba tablas de dos por cuatro con una sierra automática, deslizando los tablones de manera longitudinal. De repente, un pequeño trozo de desecho salió disparado. Cuando Caldwell fue a apagar la sierra e investigar lo que había pasado, notó unas gotas de líquido en la superficie de la máquina. En su libro *The Push*, Caldwell recuerda: "Levanté mi mano izquierda. La sangre brotaba del dedo como agua de una fuente. Vi el hueso blanco del muñón de mi dedo índice… El pánico inundó mi mente: ¿cómo voy a escalar sin mi índice izquierdo?".

Una ola de mareo lo abrumó. Parpadeó y respiró hondo. Tenía que encontrar el dedo. "Revisé la mesa de la sierra, me agaché por un lado, procurando mantener mi mano por encima del corazón mientras buscaba en el suelo. Sin querer angustiar a Beth, volteé hacia la casa y la llamé con voz firme: 'Acabo de cortarme un dedo. Por favor, ven aquí'".[13]

Rodden salió corriendo y vio el dedo de Caldwell tirado junto a la sierra. Lo recogió en medio de un montón de virutas de madera y lo metió en una bolsa con agua fría. Se apresuraron al hospital más cercano en Estes Park. Ahí, los doctores inyectaron a Caldwell con novocaína, empacaron el dedo en hielo y lo enviaron al hospital más grande y sofisticado de la ciudad vecina de Fort Collins, a una hora de distancia. Durante las siguientes dos semanas, los médicos hicieron todo lo posible para reimplantar el dedo, con tres cirugías diferentes. En última instancia, la medicina moderna no pudo hacer frente a la sierra eléctrica y a la anatomía de la mano. La complejidad de los ligamentos y las terminaciones nerviosas hizo que una reimplantación exitosa fuera casi imposible.

El dedo índice es esencial para la escalada en roca. La forma en que agarras una roca es colocando tu dedo índice en pequeñas repisas, lo que los escaladores llaman *agarres*, y envolviendo tu pulgar sobre tu dedo índice para un soporte adicional. Escalar sin un dedo índice es similar a jugar baloncesto sin una mano. Es posible, pero es difícil imaginar hacerlo a un nivel de élite, especialmente cuando la pérdida es repentina y ocurre durante el apogeo de tu carrera, impidiendo cualquier adaptación formativa. Los doctores de Caldwell le dijeron que tendría que encontrar una nueva profesión. "Todos a mi alrededor, excepto Beth y mis padres, me miraban y decían: 'Está acabado. Qué triste'", recuerda Caldwell.

Una vez más, el camino de Caldwell había cambiado en un instante. Sin embargo, esta vez identificó más rápidamente las cartas anómalas que le habían tocado y no perdió tiempo resistiendo o desesperándose por ellas. "Cuando empecé a escalar de

---

[13] Tommy Caldwell, *The Push: A Climber's Journey of Endurance, Risk, and Going Beyond Limits to Climb the Dawn Wall*, Nueva York: Penguin, 2017, p. 123.

nuevo, me sentí eufórico. Mi enfoque y concentración estaban cristalinos", dijo. "Me di cuenta de que no serviría de nada reflexionar sobre lo que salió mal. Me dije a mí mismo que el dolor es crecimiento. Que el trauma mejoraría mi enfoque. Supuse que nadie fuera de mi familia realmente esperaba que tuviera una recuperación completa, una idea que encontré extrañamente liberadora". Sin duda, todavía sentía mucho dolor físico y psicológico, pero aceptó que ya no tendría un dedo índice izquierdo y volvió a ponerse manos a la obra, jugando el mismo juego en el que siempre había participado, pero con nuevas barajas, encarnando tanto la resistencia como la flexibilidad. La escalada era ardua y estaba llena de decepciones y reveses. Movimientos simples que Caldwell antes podía ejecutar incluso dormido se volvieron complicados y difíciles. Pero persistió sin desanimarse.

No estaba seguro de hasta dónde llegaría y no se mentía a sí mismo pensando que su discapacidad no sería un problema. Pero aceptó su destino y continuó recorriendo su sendero. Puede que no supiera a dónde lo llevaría, pero incluso eso empezaba a sentirse bien. Estaba dejando el peso de la resistencia y abriéndose al flujo de la vida.

Tener versus *ser*

"Si soy lo que tengo y lo que tengo se pierde, entonces ¿quién soy?", escribió el erudito Erich Fromm en su penúltimo libro, *¿Tener o ser?*, publicado en 1976.[14] Que el tema estuviera en la mente de Fromm no es sorprendente. Tenía algo más de 70 años mientras trabajaba en el manuscrito. Para entonces, había sido forzado a abandonar su tierra natal y había visto a los nazis destruirla; se había casado y divorciado; había trascendido las disciplinas intelectuales y las etiquetas de psicólogo, psicoanalista, sociólogo y filósofo; había

---

[14] Erich Fromm, *To Have or To Be?*, Nueva York: Harper & Row, 1976, p. 109.

ESTAR ABIERTO AL FLUJO DE LA VIDA

publicado más de 20 libros; y, en sus últimos años, había sufrido múltiples enfermedades graves y había sido testigo del declive y la muerte de numerosos colegas y amigos. En resumen, Fromm había vivido una vida plena y texturizada, lo que significa que había experimentado mucha impermanencia y cambio.

El argumento central en *¿Tener o ser?* es simple pero profundo. Cuando operas en el modo del *tener*, te defines por lo que tienes. Esto te hace frágil, porque los objetos y los atributos pueden serte arrebatados en cualquier momento. "Debido a que puedo perder lo que tengo, estoy necesariamente en una preocupación constante de perder lo que tengo... Tengo miedo del amor, de la libertad, del crecimiento, del cambio y de lo desconocido", escribe Fromm.[15] Sin embargo, cuando operas en el modo del *ser*, te identificas con una parte más profunda de ti mismo: tu esencia y valores fundamentales, tu capacidad de responder a las circunstancias, sean cuales sean. Una orientación hacia el *tener* es estática e intolerante al cambio. Una orientación hacia el *ser* es dinámica y abierta al cambio. Dada la realidad del cambio implacable, es fácil ver por qué la última es ventajosa. La aceptación de Caldwell requirió que pasara de *tener* un plan, *tener* inocencia juvenil y *tener* un dedo índice a *estar*[16] en conversación con la vida y trabajar con lo que la vida le arrojara.

Quizás un ejemplo más comprensible de los beneficios que trae adoptar una orientación hacia el *ser* es el de Christine, mi clienta de *coaching*. En los años previos al inicio de la pandemia de covid, Christine trabajaba como directora de marketing en una empresa de *fitness* de rápido crecimiento que su esposo había fundado junto con otras dos personas. Sus responsabilidades eran amplias y estimulantes, abarcando desde el diseño de sitios web, la redacción de textos y la planificación de eventos hasta la

---

[15] Fromm, *To Have or To Be?*, pp. 109-110.

[16] En inglés, no existe diferencia entre *ser* y *estar*, pues ambas se dicen con el verbo *to be*. [*N. de la E.*]

incorporación de nuevos empleados y la comunicación con los miembros. "El trabajo era duro y las horas largas, pero era el mejor trabajo que había tenido", dice.

En marzo de 2020, mientras la realidad de la pandemia se estaba asentando, el gimnasio se vio obligado a cerrar su ubicación física. El equipo de liderazgo se apresuró a implementar diversos planes de respuesta frente al coronavirus, haciendo todo lo posible para seguir ofreciendo valor a sus clientes sin un espacio físico operativo. Pero cuanto más duraba el cierre, más claro se volvía que la cuarentena no sería un bache de tres semanas sino una nueva realidad que duraría meses. De un día al otro, la empresa pasó del modo de crecimiento al modo de supervivencia, lo que significaba que no podía mantener a Christine en la nómina. Mientras tanto, ella, que acababa de tramitar una hipoteca con su esposo para comprar su primera casa, no podía permitirse trabajar gratis.

"Bajarme de mi posición de liderazgo no se sentía correcto; era como abandonar mi responsabilidad", me dijo Christine. "No podía ir a entrenar al gimnasio, porque eso me recordaba que ya no era la directora de marketing de la empresa y, por supuesto, me hacía sentir aún más desestabilizada. Durante casi una década, levantar pesas había sido una de mis principales formas de enfrentar los desafíos. Ahora ya no podía hacerlo. No sabía quién era yo, ni cuál era mi papel en la comunidad. Estaba perdida".

Para bien o para mal, no tuvo mucho tiempo para amargarse y enrollarse en la angustia. Ella y su esposo necesitaban dinero. Solo unos días después de comenzar su búsqueda de empleo, una voz en su cabeza le preguntó: "¿Por qué no intentas convertirte en escritora?".

Christine había amado la escritura desde que tenía memoria. Mientras otros niños querían ser astronautas, doctores o veterinarios, ella siempre había querido ser escritora. Aunque había estudiado Letras Inglesas en la universidad, se dijo a sí misma al graduarse que la escritura no era una carrera realista. Supuso

ESTAR ABIERTO AL FLUJO DE LA VIDA

que para ganarse la vida debía dedicarse a algo más confiable. Así que tomó trabajos que incluían la escritura aunque de manera práctica. Primero, se convirtió en profesora de inglés y enseñó composición. Luego, se convirtió en diseñadora curricular académica y escribió planes de estudio. Después, se convirtió en directora de marketing y escribió planes estratégicos. Mientras estaba sentada durante la cuarentena, con su *confiable* y *estable* trabajo recién arrebatado de forma poco ceremoniosa, se dio cuenta de que, aunque muchas cosas en la vida van y vienen, su amor por la escritura y su deseo de convertirse en autora habían sido fuerzas siempre presentes.

Cuando Christine compartió esto conmigo, le pregunté qué tenía que perder. Había visto su escritura y era sólida. Le dije que muchísimas personas nunca toman riesgos porque buscan la perfección, cuando lo suficientemente bueno suele ser, tal cual, suficientemente bueno. No hizo falta mucha persuasión para que Christine abriera su propio negocio de redacción y escritura. Comenzó a avanzar, promocionando su trabajo localmente y construyendo un servicio de escritura creativa.

Hoy en día, el taller de escritura de Christine está en auge y ella ha adquirido la confianza para emprender grandes proyectos creativos. También ha vuelto al gimnasio a levantar pesas. "El hecho de que esté persiguiendo activamente mi sueño de la infancia es increíble", explica. "Es desafiante, pero no cambiaría este desafío por nada, ni siquiera por el trabajo de marketing que amaba tanto. Dejar nuestra empresa de *fitness* fue doloroso, sí, pero si no lo hubiera hecho, no estaría haciendo esto. Y hacer esto, para mí, es vivir mi vida al máximo".

La orientación de Christine hacia el *ser* fue fundamental para su supervivencia, e incluso su prosperidad, en medio de tanto cambio e incertidumbre. Se dio cuenta rápidamente de que su identidad era más que lo que tenía (su papel como directora de marketing), lo que le permitió avanzar con resistencia y flexibilidad. Lo central del *ser* de Christine eran la creatividad y su amor por la palabra escrita, ninguno de los cuales podía serle

50 EL PODER DE ADAPTARSE

arrebatado. Hacia el final de *¿Tener o ser?*, Fromm escribe que la verdadera alegría es "lo que experimentamos en el proceso de acercarnos al objetivo de convertirnos en nosotros mismos".[17] Precisamente lo que Christine está haciendo.

El desencadenante de la inevitabilidad

Además de beneficiarse por conversar acerca de sus respectivas vidas, Caldwell y Christine se beneficiaron de lo que el científico del comportamiento de Harvard, Daniel Gilbert, llama el *desencadenante de la inevitabilidad*. "Es más probable que busquemos y encontremos una visión positiva de las cosas con las que estamos involucrados que de las cosas con las que no lo estamos", escribe Gilbert. "Solo cuando no podemos cambiar la experiencia, y lo comprendemos completamente, podemos empezar a cambiar nuestra relación con dicha experiencia".[18] Caldwell sabía que no recuperaría su dedo. Christine sabía que el covid no iba a desaparecer de la noche a la mañana. Era claro para ambos que no había escapatoria de sus respectivas situaciones.

Una vez que aceptas algo como una realidad inmutable en el momento presente, te das permiso para dejar de desear que desaparezca o intentar manipularlo según tus términos. Esto te permite dirigir toda tu energía hacia la aceptación y el avance. La clave es que debes aceptar realmente tu realidad: no pensar en aceptarla, no hablar de aceptarla, no desear poder aceptarla, sino aceptarla realmente. Tu mente detecta con demasiada facilidad cuando te estás mintiendo. Esto explica por qué las personas en situaciones difíciles, por ejemplo, un trabajo que consume el alma, a menudo tienen que tocar fondo antes de poder avanzar en serio. Una persona puede decirse a sí misma que lo que está

---

[17] Fromm, *To Have or To Be?*, p. 119.
[18] Daniel Gilbert, *Stumbling on Happiness*, Nueva York: Alfred A. Knopf, 2006.

haciendo no es bueno para ella y que necesita detenerse, pero hasta que lo sienta en cada hueso de su cuerpo, su energía mental y emocional tratará de encontrar una solución en el estado actual en lugar de imaginar un nuevo estado por completo. Sin embargo, si podemos reconocer las duras verdades en lugar de engañarnos a nosotros mismos, la recompensa es valiosa: una vida más significativa.

Una vida profunda y significativa en medio de la impermanencia

En 1915, al comienzo de la Primera Guerra Mundial y tres años antes de la pandemia de influenza de 1918, Sigmund Freud escribió un breve y poderoso ensayo titulado "La transitoriedad". Aunque muchas de las ideas de Freud han sido desacreditadas desde entonces, este ensayo ha resistido la prueba del tiempo. Comienza con Freud en una caminata por el campo acompañado de dos amigos, entre ellos un "poeta joven pero ya famoso", que muchos sospechan era Rainer Maria Rilke.

"El poeta admiraba la belleza del paisaje que nos rodeaba, pero no sentía alegría. Le perturbaba el pensamiento de que toda esa belleza estaba condenada a la extinción, que desaparecería cuando llegara el invierno, como toda la belleza humana y toda la belleza y el esplendor que los hombres han creado o pueden crear. Todo lo que de otro modo hubiera amado y admirado le parecía despojado de su valor por la transitoriedad a la que estaba destinada", escribe Freud. A continuación, explica que, aunque no disputaba la transitoriedad de todas las cosas, incluso de las más bellas y perfectas, sí disputaba el pesimismo y el desdén del poeta. Más aún, Freud argumentaba lo contrario: el hecho de que todo en este mundo sea transitorio *aumenta* su valor. "El valor de la transitoriedad es el valor de la escasez en el tiempo. La limitación en la posibilidad de disfrute eleva el valor del disfrute. Una flor que florece solo durante una noche no nos parece menos hermosa por ello", escribió. Freud compartió todo esto con el poeta, pero no hizo ninguna diferencia. El poeta no podía experimentar plenamente la belleza que lo rodeaba porque eso también requeriría aceptar la inevitabilidad de su pérdida.

El dilema del poeta es común y tan antiguo como el tiempo. En los textos sánscritos antiguos hay dos tipos de cambio: *anatta* y *anicca*. *Anatta* explica que aquello que identificas como *tú* está siempre cambiando. *Anicca* describe la naturaleza rápidamente cambiante de todas las cosas. Tanto *anatta* como *anicca* pueden ser grandes fuentes de sufrimiento, no solo porque implican la pérdida de todo lo que valoramos, sino también porque, si huimos de esta pérdida, nunca llegaremos a experimentar la plena belleza de cuidar profundamente algo o a alguien. Como el poeta en el ensayo de Freud, si no podemos sentirnos cómodos (o al menos lo suficientemente cómodos) con el hecho de que todo cambia, corremos el riesgo de vivir la vida distanciados de lo más valioso que la vida ofrece. Al intentar protegernos de la experiencia del cambio, terminamos limitando la profundidad de nuestras vidas.

Hay un dicho en el budismo que establece que la vida está llena de diez mil alegrías y diez mil penas. No puedes experimentar lo primero sin lo segundo.

En enero de 2015, el deporte de escalada en roca, que antes era seguido por pocos, conquistó el mundo. Cientos de reporteros fueron al parque nacional de Yosemite. Todos los programas de televisión matutinos de repente cubrieron la escalada, al igual que *The New York Times* y *The Wall Street Journal*. Dos hombres altos y extremadamente fatigados se acercaban a la cumbre de la Dawn Wall, una ruta notoriamente difícil por una pared de roca de 900 metros conocida reverentemente como El Capitán, o El Cap para abreviar. No solo estaban ascendiendo por esta ruta desafiante, sino que lo estaban haciendo en estilo libre, un tipo de escalada que prohíbe cualquier ayuda instrumental. Tal hazaña nunca se había logrado, pero no por falta de intentos. Muchos de los mejores escaladores de la historia habían intentado escalar la Dawn Wall en estilo libre y todos habían fallado. Nadie pensaba que fuera posible. La Dawn Wall era la última joya de la escalada en roca. El gran *kahuna*. Intocable.

Cuando escalas de forma libre, todo lo que tienes a tu disposición es una bolsa de tiza, algunas cuerdas para atraparte si caes, tus diez dedos de los pies y tus diez dedos de las manos (o en el caso de Caldwell, nueve). Durante la mayor parte de las tres semanas, Caldwell guio a su compañero, Kevin Jorgeson, por la roca. Comían. Escalaban. Dormían en un *portaledge* expuesto a todos los elementos. Y luego lo hacían de nuevo. Era, de lejos, la hazaña de escalada más ardua que cualquiera pudiera intentar en todo el Yosemite, quizás en toda América o incluso en el mundo. "Esto es lo más difícil que puedes hacer con tus dedos, escalar esta ruta", dice Caldwell en el documental *The Dawn Wall*. "Es como agarrar navajas de afeitar".[19] Sin embargo, a Caldwell no parecía importarle. Estaba escalando con una intensidad feroz, una sabiduría arduamente ganada que surgió de años de experiencia y lucha, no solo en la escalada, sino en la vida.

El miércoles 14 de enero, a las 3:25 p. m., hora del Pacífico, después de 19 días en la pared, el dúo llegó a la cumbre. Hicieron historia, una que reverberó alrededor del mundo. *The New York Times* lo expresó de manera genial con el titular "Persiguiendo lo imposible y llegando a la cima".[20] A medida que el sol se ponía sobre la cumbre de El Cap, Caldwell estaba completamente concentrado, inmerso en el momento, gozando de la impresionante vista y el sentimiento espectacular, sabiendo que también

---

[19] Hayden Carpenter, "What The Dawn Wall Left Out", *Outside*, 18 de septiembre de 2018, https://www.outsideonline.com/culture/books-media/dawn-wall-documentary-tommy-caldwell-review.

[20] John Branch, "Pursuing the Impossible, and Coming Out on Top", *The New York Times*, 14 de enero de 2015, https://www.nytimes.com/2015/01/15/sports/el-capitans-dawn-wall-climbers-reach-top.html.

ellos pronto dejarían de estar ahí. Las altas, las bajas y todo lo que hay en medio compartían al menos una cosa en común: el cambio.

En su libro *Muerte*, el filósofo Todd May argumenta que, si de alguna manera pudieras convertirte en inmortal, tu vida no tendría tanto significado. Es una idea difícil de comprender por completo, con la que yo mismo batallo. Entiendo que si viviéramos para siempre, con el tiempo podríamos aburrirnos o podría parecer que hay poco en juego. Pero la Tierra es un lugar vasto, y quién sabe qué nos depara el futuro del viaje intergaláctico. Creo que tomaría bastante tiempo, al menos unos pocos miles de años, antes de que la vida se convirtiera en una lucha perpetua. Así que en lugar de centrarnos en la inmortalidad, imaginemos que pudiéramos vivir unos pocos miles de años. Eso ciertamente suena como un buen trato. Pero incluso entonces, mientras sigamos hechos de carne y hueso, seríamos propensos a tragedias, como accidentes de tráfico o infecciones, que podrían acabar con nuestras vidas. Para garantizar nuestra plena longevidad, tendríamos que ser cada vez más cautelosos, quizás tan cautelosos que no estaríamos viviendo en absoluto.

Vivir es perder. Y es la certeza de la pérdida lo que le da significado a la vida.[21] ¿Qué es el cambio sino pérdida? La pérdida de la inocencia juvenil. La pérdida de un dedo. La pérdida de un trabajo. La pérdida de un plan. La pérdida de un amigo. La pérdida de un amante. La pérdida de cómo eran las cosas. La pérdida de cómo pensabas que serían las cosas. Cuando piensas en el cambio de esta manera, por primera vez puedes llenarte de inquietud. He reflexionado sobre este tema al escribir este libro y *todavía* me perturba profundamente de vez en cuando. Esto es especialmente

---

[21] Todd May, *Death (The Art of Living)*, Londres: Routledge, 2016.

ESTAR ABIERTO AL FLUJO DE LA VIDA

cierto cuando me doy cuenta de lo rápido que crece mi hijo mayor. ¿Adónde se fue el tiempo? ¿Puedo hacer una pausa, por favor? No se puede. Eso me entristece. Mis ojos se llenan de lágrimas.

Pero la resistencia fútil o la ilusión superficial no son formas de vivir. Sí, inevitablemente experimentaremos una profunda tristeza ante la realidad de la pérdida, y quizás a veces sintamos que nuestras vidas son aterradoramente pequeñas e insignificantes cuando se comparan con el telón de fondo del universo infinito y en constante cambio. Pero también experimentaremos una inmensa gratitud por todas las maravillas que encontramos y por el improbable hecho de que estemos aquí. Como un explorador en un sendero, cuanto más cercanos e íntimos nos volvamos con el paisaje cambiante, más hermosa, interesante y profundamente satisfactoria se volverá la jornada, no a pesar de que sabemos que cambiará sino, como señaló Freud tan elocuentemente, debido a ello.

La primera cualidad esencial de la flexibilidad robusta es abrirse al flujo de la vida. Esto no significa que navegar el cambio y la impermanencia será fácil. Pero podemos aprender a establecer expectativas apropiadas y desarrollar las habilidades concretas para preparar nuestras mentes y cuerpos para el desafío.

Abrirse al flujo de la vida

- Abraza el pensamiento no dual: no esto o aquello, sino esto y aquello.
- Negar el cambio puede parecer mejor a corto plazo, pero casi siempre se siente peor a largo plazo, pues limita la profundidad, la textura y el potencial para la verdadera excelencia en nuestra vida.
- Muchos de nuestros problemas, tanto individuales como sociales, resultan de resistirse al cambio.

- Solo cuando nos abrimos al flujo de la vida y aceptamos genuinamente el cambio, las cosas comienzan a encajar, permitiéndonos avanzar de manera pragmática y productiva en nuestros respectivos senderos.
- Hay enormes beneficios cuando nos orientamos a *ser* en lugar de *tener*; te vuelves más robusto y flexible, menos frágil ante el cambio. Las cosas que posees ya no te poseen a ti.
- Si te encuentras chocando contra una pared, considera el *desencadenante de la inevitabilidad*: ¿Qué pasaría si aceptas tu realidad tal como es? ¿Cómo podrías enfrentarte a ella de manera diferente?
- Sin cambio, nuestra existencia se volvería tediosa y aburrida. Si vamos a vivir vidas significativas, el cambio es simplemente parte del trato.

CAPÍTULO 2

ESPERAR QUE SEA DIFÍCIL

En mayo de 2021, después de 15 meses de encierro, cuarentena, enfermedad y muerte, finalmente hubo algo de luz al final del túnel. Los casos de covid en Estados Unidos se desplomaron casi tan rápido como antes habían aumentado. El descenso súbito se debió a una combinación de vacunas, cambios de comportamiento, inmunidad colectiva y clima cálido. En muchas partes del país, las posibilidades de sufrir un accidente automovilístico eran mayores a las de contraer el virus. Por fin, luego de más de un año, las personas podían ir a las casas de sus familiares, vecinos y amigos sin mucha o ninguna preocupación. Recuerdo claramente la sonrisa emocionada en el rostro de mi hijo, que entonces tenía 3 años, cuando, por primera vez en su memoria, uno de sus amigos vino a jugar a nuestra casa. "¡La gente puede entrar a nuestra casa en la vida real!", exclamó, en contraste con su experiencia de conexión social vivida solo al aire libre o a través de FaceTime y Zoom.

La ansiedad de mi esposa por los miembros mayores e inmunodeprimidos de la familia regresó a niveles normales. Me sentí muy feliz por mi hermano biológico y mi hermano mejor amigo, ambos médicos de grandes ciudades y ambos completamente agotados por el incesante trabajo físico y emocional. Mi libro *Máxima conexión: Groundedness* se publicaría en otoño y comencé a esperar con ansias la posibilidad de eventos en vivo en mis librerías favoritas. Como tanta gente, me alegré del regreso a la normalidad básica: ya habíamos esperado bastante, o eso creíamos.

A principios de julio, los casos comenzaron a aumentar otra vez. La mayoría se identificó como variante Delta, más contagiosa y potencialmente más grave. A principios de agosto de 2021, las tasas de infección subieron tan rápido como durante cualquier mes de la pandemia. Cualquier atisbo de normalidad que se nos había concedido desapareció tan pronto como había llegado. La variante Delta fue un puñetazo en el estómago. La gente estaba más devastada que nunca. Era comprensible pero ilógico.

No me malinterpreten, el aumento de la variante Delta fue una noticia terrible. Pero, en general, para la mayoría de las personas las cosas seguían siendo objetivamente mejores que al comienzo de la pandemia. Las vacunas, milagros científicos que redujeron las tasas de hospitalización y mortalidad entre diez y veinte veces, estaban ampliamente disponibles. Nuevas terapias comenzaron a salir al mercado. Los conocimientos de salud pública sobre las vías de contagio y las estrategias de mitigación posteriores habían aumentado sustancialmente. No obstante, la variante Delta se encontró con una desesperación omnipresente. Todo el mundo esperaba una cosa (la desaparición gradual de la pandemia), pero lo que obtuvimos fue algo por completo distinto.

Cómo las expectativas alteran la realidad

Imagínate que se acerca el final de un largo día de trabajo físico durante el cual no comiste nada. Estás hambriento. Comerías cualquier cosa, pero, si pudieras elegir, sería tu comida favorita: espagueti Alfredo. Alrededor de las cinco de la tarde, alguien interrumpe tu trabajo y te explica que, a las seis y media, te estará esperando un plato grande de este platillo, preparado

ESPERAR QUE SEA DIFÍCIL

nada menos que por un chef con estrella Michelin. La saliva llena tu boca. Tal vez incluso te descompongas un poco. Si tu nivel de hambre era de nueve, ahora es de diez. Concentrarte en tu trabajo se vuelve difícil, pero haces todo lo posible por hacerlo y terminar el día. Dan las seis y media. Te mueres de hambre cuando te acompañan a una habitación con una mesa de comedor. De pronto, aparece tu irritante vecino Billy. Es el tipo de hombre que gruñe sin razón aparente cuando pasa junto a ti en la acera, con su perro igual de gruñón siempre al lado. Billy sostiene un tazón grande de *pretzels* sin sal y ligeramente rancios. Billy te informa que los espaguetis que te prometieron fueron una broma cruel. Procede a salir de la habitación murmurando: "Buen provecho". ¿Cómo crees que te sentirías? Al plantearse esta pregunta, la mayoría de las personas responde que se enfurecería, aunque su situación es notablemente mejor que antes. Después de todo, morir de hambre con comida es mejor que morir de hambre sin comida, incluso si lo que se ofrece son unos *pretzels* rancios.

Gran cantidad de investigaciones psicológicas muestran que nuestra felicidad en un momento dado es el resultado de nuestra realidad menos nuestras expectativas. Cuando la realidad iguala o supera las expectativas, nos sentimos bien. Cuando la realidad no cumple con las expectativas, nos sentimos mal. Los países que sistemáticamente figuran entre los más felices no son necesariamente mejores que sus vecinos. Pero los ciudadanos de estos países tienden a tener expectativas más bajas. En un estudio histórico, epidemiólogos de la Universidad del Sur de Dinamarca se propusieron explorar por qué sus ciudadanos obtienen regularmente puntuaciones más altas que cualquier otro país occidental en términos de felicidad y satisfacción con la vida. Sus hallazgos, publicados en el *British Medical Journal*, se centraron en la importancia de las expectativas. "Si las expectativas son irrealmente altas, podrían ser la base de la decepción y la insatisfacción", escriben los autores. "Aunque los daneses están muy satisfechos, sus expectativas son bastante bajas".[1] Esto contrasta marcadamente con muchos otros lugares del mundo occidental, donde desde una edad temprana se educa a las personas para que crean en una versión hedonista de la felicidad como objetivo final y que siempre deben esperarla.

Una característica clave que separa la alostasis (el nuevo y más preciso modelo de cambio) de la homeostasis (el antiguo modelo) es que la alostasis tiene un componente anticipatorio. Mientras que la homeostasis es independiente de las expectativas, la alostasis establece que, si se espera que algo suceda, se sufrirá menos angustia durante el siguiente periodo de desorden.[2] Por ejemplo, la homeostasis dice que no importa si te disparan en la pierna en el campo de batalla o en el supermercado, tu respuesta será la misma: te disparan en la pierna. La alostasis reconoce con mayor precisión que las respuestas serán diferentes. La persona que recibe un disparo en la pierna en el campo de batalla experimentará menos angustia psicológica e incluso fisiológica, un fenómeno que se puede constatar en las hormonas que circulan en la sangre. A diferencia del comprador en una tienda de comestibles, pues recibir un disparo en la pierna era ya una posibilidad en la mente del soldado e incluso algo esperado.

De ello se deduce que una parte crucial de la flexibilidad robusta es establecer expectativas adecuadas. Continuaremos este capítulo explorando más a fondo por qué las expectativas son tan importantes, profundizando en la fascinante neurociencia de vanguardia. Luego discutiremos tres métodos poderosos, concretos y basados en evidencia para establecer expectativas apropiadas de una manera que nos proteja del optimismo ciego y la positividad

---

[1] Kaare Christensen, Anne Maria Herskind y James W. Vaupel, "Porqué los daneses están descontentos", *British Medical Journal*, vol. 333, diciembre, 2006, p. 1289, http://www.bmj.com/content/333/7582/1289.

[2] Peter Sterling, "Alostasis: Un modelo de regulación predictiva", *Physiology & Behavior*, vol. 106, núm. 1, abril, 2012, pp. 5-15, https://pubmed.ncbi.nlm.nih.gov/21684297.

tóxica, por un lado, y de la fatalidad y la desesperación, por el otro. También exploraremos cómo el dolor y el sufrimiento son dos fenómenos similares pero diferentes, y examinaremos la relación flexible entre ellos.

El cerebro es una máquina de predicción (La neurociencia de las expectativas)

La razón por la que las expectativas nos afectan tan dramáticamente se remonta a los circuitos neuronales que conectan la corteza prefrontal (la parte pensante del cerebro que controla la acción voluntaria) con el tronco encefálico más antiguo (la parte sensible del cerebro que controla la acción involuntaria). Hasta hace unas décadas, la visión predominante en las neurociencias sostenía que la conciencia era principalmente el cerebro que experimentaba el mundo tal como es. Investigaciones más recientes, encabezadas por los neurocientíficos Andy Clark de la Universidad de Edimburgo, en Escocia; Jakob Hohwy de la Universidad de Monash, en Melbourne, Australia; y Mark Solms de la Universidad de Ciudad del Cabo, en Sudáfrica, muestran que el cerebro funciona más como una máquina de predicción. Su corteza prefrontal genera constantemente predicciones sobre lo que podría suceder. Estas predicciones se envían al tronco encefálico, que luego prepara el sistema mente-cuerpo para cualquier cosa que se anticipe.[3] El cerebro adopta esta postura de visión de futuro por una buena razón: es mucho más eficiente que abordar cada momento sin nociones ni prejuicios sobre lo que podría suceder a continuación. Imagínate que estás en un aeropuerto, caminando por la plataforma, a punto de abordar un avión. Sin su función predictiva,

---

[3] Andy Clark, "¿Qué sigue?: Cerebros predictivos, agentes situados y el futuro cognitivo de la ciencia", *Behavioral and Brain Sciences*, vol. 36, núm. 3, junio, 2013, pp. 181-204, doi:10.1017/S0140525X12000477.

el cerebro tendría que estar igualmente preparado para caminar por un acantilado, caer en una piscina o incorporarse al tráfico. Esto sería terriblemente ineficaz y consumiría toda tu energía neurológica. En nuestro pasado evolutivo, habría representado una enorme desventaja para la supervivencia y, hoy en día, resultaría en que nunca se haría nada.

"El componente de predicción plantea la idea de que los subsistemas neuronales operan no solo a partir de señales reales de los subsistemas comunicantes, sino sobre sus predicciones dinámicas de tales señales en redes organizadas jerárquicamente. Tales cascadas de predicciones múltiples introducen la necesidad de procesos regulatorios, tanto locales como emergentes, que se hagan cargo de señales equivocadas, asignen niveles de importancia a cada señal e influyan en la modulación de posibles beneficios y pérdidas en otras partes del sistema, todo esto en pos de un procesamiento estable y energéticamente eficiente", escribe un equipo de neurocientíficos de la Universidad de Gotemburgo, en Suecia, en la revista *Frontiers in Human Neuroscience*.[4] En términos sencillos, el cerebro plantea un escenario inicial esperado, que se ajusta continuamente para coincidir con la realidad; cuanto mayor es esta coincidencia, mejor nos sentimos y menos energía quemamos. En un famoso experimento dirigido por el psicólogo Daniel Kahneman, ganador del Premio Nobel, los investigadores instruyeron a los participantes a sumergir sus manos en agua extremadamente fría durante 60 segundos y luego, de nuevo, durante otros 60 segundos, más 30 segundos adicionales, durante los cuales el agua se calentó de 14 °C a 15 °C. Cuando se les preguntó qué prueba les gustaría repetir, la gran mayoría respondió que la segunda, aunque el malestar total fue mayor: 60 segundos

---

[4] India Morrison, Irene Perini y James Dunham, "Facetas y mecanismos del comportamiento adaptativo al dolor: regulación predictiva y acción", *Frontiers in Human Neuroscience*, vol. 7, octubre, 2013, https://www.frontiersin.org/articles/10.3389/fnhum.2013.00755/full.

de agua súper fría más 30 segundos de agua bastante fría es peor que solo 60 segundos de agua súper fría. Pero fue el hecho de que las condiciones mejoraron gradualmente hacia el final de la segunda prueba lo que llevó a los participantes a preferirla.[5] Kahneman y sus colegas replicaron este hallazgo en diversos entornos. Por ejemplo, la mayoría de las personas valora positivamente una experiencia en la que espera durante 45 minutos en una cola lenta pero que luego se acelera durante diez minutos más, en comparación con simplemente esperar en una cola lenta durante 45 minutos, aunque el tiempo total de espera es mayor en la primera situación.[6]

Cuando estos estudios se publicaron por primera vez, a mediados de la década de 1990, la principal implicación era que la gente otorgaba un valor excesivo al final de una experiencia. Teniendo en cuenta lo que sabemos ahora sobre la conciencia y la función anticipatoria del cerebro, sospecho que el mecanismo detrás de esto es que durante cualquier experiencia desarrollamos una expectativa de lo que sucederá a continuación. Al final del evento, esa expectativa se cumple (el agua fría permanece igual; también el ritmo de la fila), no se cumple (el agua fría se enfría aún más; la fila se ralentiza) o se invierte (el agua fría se calienta; la línea se mueve más rápido). De modo que preferimos las ocasiones en que se superan nuestras expectativas, incluso si eso significa más unidades totales de angustia objetiva. Este es un tema que surgirá repetidamente en este capítulo: *la conciencia no es únicamente nuestra experiencia de la realidad, sino nuestra experiencia de la realidad filtrada y modulada por nuestras expectativas sobre ella.*

---

[5] Daniel Kahneman *et al.*, "Cuando más dolor es preferido a menos: agregando un mejor final", *Psychological Science*, vol. 4, núm. 6, noviembre, 1993, pp. 401-405, https://www.jstor.org/stable/40062570.

[6] Ziv Carmon y Daniel Kahneman, "La utilidad experimentada de las señales: perfiles de experiencia y evaluaciones retrospectivas de señales simuladas", tesis doctoral, Universidad de Duke y Universidad de Princeton, https://www.researchgate.net/publication/236864505.

Estudios más recientes demuestran que las expectativas no solo influyen en nuestra percepción de las experiencias actuales y el recuerdo de las pasadas, sino también afectan la forma en que abordamos el futuro. A primera vista esto parece obvio, pero las implicaciones son profundas. Por ejemplo, cuando a los atletas fatigados y desgastados se les dice que están cerca de la meta, comienzan a sentirse mejor y misteriosamente encuentran un segundo aliento, presumiblemente porque sus cerebros, al anticipar el final a la vuelta de la esquina, dejan de conservar energía y vacían sus reservas.[7] Otros experimentos muestran que cuando los atletas exhaustos se enjuagan la boca con una bebida deportiva, inmediatamente se sienten mejor y generan más energía. Solo hay un inconveniente: después de enjuagarse la boca, escupen el líquido. Las calorías y los nutrientes nunca llegan a la garganta de los atletas, y mucho menos a sus estómagos.[8] Presumiblemente el cerebro prueba la bebida, predice que pronto será digerida y posteriormente estimula la capacidad del cuerpo para esforzarse. Sin embargo, si con el tiempo los deportistas escupieran repetidamente la bebida deportiva, esta dejaría de tener un efecto positivo. El cerebro dejaría de asociar este líquido en la boca con las calorías entrantes. Lo mismo ocurre con los atletas a quienes se les dijo que la línea de meta estaba cerca cuando no lo estaba. Una vez que sus cerebros descubrieran la trampa, los participantes no podrían acelerar. Solo puedes engañar al cerebro durante un tiempo.

---

[7] Noel E. Brick *et al.*, "La dificultad anticipada de la tarea provoca conservación del ritmo y rendimiento de carrera más lento", *Medicine & Science in Sports & Exercise*, vol. 51, núm. 4, abril, 2019, p. 734, https://journals.lww.com/acsm-msse/Fulltext/2019/04000/anticipated_task_difficulty_provokes_pace.16.aspx.

[8] Thays de Ataide e Silva *et al.*, "¿Puede el enjuague bucal de carbohidratos mejorar el rendimiento durante el ejercicio?: Una revisión sistemática", *Nutrients*, vol. 6, núm. 1, enero, 2014, pp. 1-10, https://www.ncbi.nlm.nih.gov/pmc/articles/PMC3916844.

Que el cerebro sea una máquina de predicción es, en conjunto, enormemente ventajoso. Sin embargo, en los casos en que las expectativas no coinciden con la realidad, nos quedamos perplejos. Cuanto mayor sea el desajuste, especialmente si las expectativas son optimistas, peor será el sufrimiento. Esto es cierto no solo psicológicamente sino fisiológicamente. Recuerda que una mala predicción requiere más energía para volver a sincronizarse con la realidad. Cuanto más desincronizadas estén nuestras expectativas, más problemáticas serán, ya que nuestros cerebros y cuerpos están diseñados para conservar energía. Lo que tú y yo experimentamos como conciencia es, en muchos sentidos, la cascada siempre presente de pensamientos y sentimientos que nuestro cerebro genera para hacernos saber si nuestras predicciones van por el camino correcto o no. Si nuestras predicciones son precisas, nos sentimos bien y, en general, tenemos pensamientos tranquilos y felices. Sin embargo, si nuestras predicciones son demasiado optimistas, nos sentimos mal y nuestro pensamiento se vuelve negativo.

Aquí yace la fascinante conexión entre nuestra psicología básica, o lo que muchos llamarían nuestras *mentes*, y nuestra biología básica, o lo que muchos llamarían nuestros *cerebros*. La ecuación psicológica que dice que "la felicidad es igual a la realidad menos las expectativas" representa esencialmente la precisión de nuestras predicciones biológicas, es decir, las de nuestros cerebros. Cuando me di cuenta de esto, me quedé impresionado, y con razón. No tenía idea de que la unificación de la psicología y la biología sería hacia donde dirigiría mi investigación. Fue una percepción que nunca podría haber predicho, de ahí los sentimientos intensos asociados.

Retrocedamos al verano de 2021 y la aparición de la variante Delta del coronavirus. Incluso si la mayoría de las personas estaba empíricamente mejor que al inicio de la pandemia, a la luz de lo que acabamos de plantear, por supuesto, se sintió devastada.

Era como si alguien nos hubiera dicho que estábamos en el kilómetro 25 de un maratón, y luego, justo cuando estábamos agotando todas nuestras reservas y forzando la marcha, nos devolvieran al kilómetro 11. En el otoño de ese mismo año escribí un breve artículo haciendo esta analogía exacta. Un lector perspicaz respondió: "Esto es muy acertado, con una excepción flagrante: la pandemia de covid no es un maratón; es más como una carrera de ultramaratón en la que no sabemos dónde está la meta".

Su comentario reflexivo va más allá del covid. Recuerda que en la introducción de este libro afirmo que el adulto promedio experimenta 36 grandes disrupciones de vida. En muchos aspectos, toda nuestra existencia es como un ultramaratón en el que no sabemos ni dónde está la meta ni qué obstáculos surgirán en el camino. La pregunta obvia entonces es: ¿cómo se supone que debemos correr la carrera?

Optimismo trágico

Serge Hollerbach nació en Leningrado, Rusia, en 1923. A los 17 años se matriculó en una escuela secundaria para creativos. Seis meses después, en junio de 1941, las fuerzas alemanas invadieron el país. Lo obligaron a él y a muchos otros rusos a trabajar como obreros en fábricas nazis. Sobrevivió al encierro y, una vez que terminó la guerra, se matriculó en la Academia de Bellas Artes de Múnich. La Segunda Guerra Mundial lo sacudió hasta la raíz, aplastando cualquier rastro de inocencia que pudiera haber tenido. Sin embargo, mantuvo el optimismo sobre la vida, en gran parte debido a su amor por el arte, que representaba su realidad y también le daba la oportunidad de trascenderla. Encontró alegría y significado en la expresión creativa.

En la Academia de Bellas Artes de Múnich, Hollerbach fue educado en el expresionismo, un estilo visual que presenta el mundo desde un punto de vista subjetivo, intentando reproducir cómo el individuo experimenta la realidad, en lugar de representarla.

ESPERAR QUE SEA DIFÍCIL

Ejemplos famosos del expresionismo incluyen *La noche estrellada* de Vincent van Gogh y *El grito* de Edvard Munch. En años posteriores, Hollerbach se apoyaría en su educación expresionista, pero por razones que nadie podría haber previsto.

En 1949, Hollerbach migró a Estados Unidos y se estableció en la ciudad de Nueva York. Ahí encontró su ritmo como artista, produciendo una serie de pinturas en caseína y acuarela que fueron presentadas en las colecciones de varios museos, incluyendo la Galería de Arte de la Universidad de Yale, el Instituto Butler de Arte Americano y el Museo de Arte de Georgia. Hollerbach se dio a conocer por su enfoque único, que combinaba técnicas expresionistas con sensibilidades audaces y realistas para transmitir la esencia de la experiencia humana. Su trabajo recibió numerosos elogios, incluyendo la medalla de oro de la Asociación Americana de Acuarela en 1983 y medallas de plata en 1989 y 1990, la medalla de plata de Audubon Artists en 1983, el medallón de oro Grumbacher en 1988, la medalla de oro de los Artistas Aliados de América en 1985 y 1987, y el primer premio en la exposición Rocky Mountain National Watermedia en 1986 y 1987. Además de sus exposiciones y ventas al sector privado, también dio clases en la Academia Nacional de Diseño.

En 1994, a la edad de 71 años, la visión de Hollerbach comenzó a deteriorarse. Poco después fue diagnosticado con degeneración macular, una enfermedad que afecta sobre todo a los adultos mayores, destruyendo la visión central, degradando la visión periférica y dejando a la mayoría legalmente ciegos. El declive de Hollerbach fue rápido. Aunque la cirugía estabilizó su visión, la enfermedad le había causado un daño severo, dejándolo sin visión central e incapaz de distinguir detalles; solo podía ver formas grandes y generales. "Bueno, veo tu cara, pero tengo que acercarme mucho a ti. Pero no podría hacer un retrato, no podría bocetarte. Veo todo borroso. Está desenfocado", recordó. Hollerbach, el maestro del arte visual que se hizo un nombre percibiendo detalles finos que nadie más podía, fue declarado legalmente ciego.

El artista estaba increíblemente frustrado por haber perdido su capacidad para percibir las sutilezas, especialmente porque disfrutaba mucho pintar personas. Pero también se dio cuenta de que no había nada que pudiera hacer para recuperar su visión. Cualquier resistencia sería inútil. En lugar de desesperarse, decidió enfatizar la cualidad expresionista de su trabajo y dejar de lado el realismo. Dejó de intentar retratar lo que veía frente a él y se inclinó hacia lo que veía dentro de él, lo que él llamaba *confiar en su ojo interno*. Esto, decía, le permitió transmitir "lo que es más importante en la vida".

En lugar de rendirse con la pintura cuando su visión declinó abruptamente, Hollerbach adaptó su relación con el arte, logrando algo que quizás se sintiera incluso más auténtico que su enfoque realista anterior. No veía la pérdida de su visión como algo positivo, pero tampoco como algo inequívocamente negativo. "Es algo muy triste, pero no una gran catástrofe", explicaba. "De alguna manera, mi deficiencia visual me dio una nueva dirección. No diría que es una bendición. Pero me dio una nueva posibilidad. Creo que mi discapacidad visual me llevó de vuelta a lo que podría haber sido".[9]

El término *optimismo trágico* fue acuñado por otro sobreviviente de la Segunda Guerra Mundial, Viktor Frankl, un psicólogo judío de Viena que sobrevivió a los campos de muerte nazis. Frankl es conocido por su libro *El hombre en busca de sentido*, publicado por primera vez en 1946. Este libro es, en parte, una memoria del Holocausto y, en parte, un texto de psicología. La segunda mitad del libro construye la base para lo que se convirtió en la psicoterapia existencial: el sistema de Frankl para encontrar plenitud y

---

[9] A'Dora Phillips, "Existe tal cosa como el instinto en un pintor", *The Vision & Art Project*, 27 de enero de 2017, https://visionandartproject.org/features/serge-hollerbach.

significado, incluso en las circunstancias más adversas. Ha sido traducido a más de 50 idiomas, ha vendido más de 16 millones de copias y se considera lectura obligatoria para cualquier estudiante de la naturaleza humana.[10]

Lo que la mayoría de la gente no sabe es que, a mediados de la década de 1980, Frankl escribió un epílogo al libro, un breve ensayo que tituló "El caso del optimismo trágico". En él, Frankl observa que la vida involucra tres variedades inevitables de tragedia: la primera es el dolor y el sufrimiento, porque estamos hechos de carne y hueso; la segunda es la culpa, porque tenemos cierta libertad para tomar decisiones y, por lo tanto, nos sentimos responsables cuando las cosas no salen como esperábamos; y la tercera es nuestra capacidad para mirar hacia adelante, porque debemos enfrentar el hecho de que todo lo que valoramos, incluidas nuestras propias vidas, cambiará o terminará. Aunque vivimos con estas tres variedades inevitables de sufrimiento, la sociedad occidental ejerce una inmensa presión sobre todos para ser continuamente felices. En el mejor de los casos, esto es un error; en el peor, es peligroso. Como has leído en este libro, las expectativas demasiado optimistas son una causa común de decepción y angustia. Mientras tanto, juzgarse a uno mismo por sentirse mal, o internalizar la idea de que hay algo malo en ti cuando estás triste (o que la tristeza es una debilidad) solo hace que lo que estás pasando sea más difícil.

En mi propia experiencia, la peor manera de ser feliz es tratar de ser feliz todo el tiempo o, peor aún, asumir (y esperar) que deberías estarlo. Sospecho que muchas personas no se dan cuenta de la pesada carga emocional que sostienen al asumir una ética que dice, implícitamente y a veces incluso explícitamente, que deberías ser positivo y estar animado siempre, a pesar de que la tristeza, el aburrimiento y la apatía son partes inevitables de la experiencia humana. También sospecho que gran parte del

---

[10] Viktor E. Frankl, *Man's Search for Meaning*, Boston: Beacon Press, 2006.

juicio que nos imponemos a nosotros mismos, y la impaciencia y la ira que dirigimos hacia los demás, proviene de cargar con el peso de este estándar imposible.

En un estudio que incluyó a más de 70 000 individuos de todo el mundo y que fue publicado en 2022 en el *Journal of Personality and Social Psychology*, los investigadores encontraron que la experiencia de felicidad y plenitud de las personas está correlacionada con la precisión de sus expectativas.[11] En lugar de poner la felicidad desmedida en un pedestal y hacerla nuestro objetivo principal, quizás deberíamos abrazar el optimismo trágico como una mejor alternativa.

Primero, una definición: el optimismo trágico es la capacidad de mantener la esperanza y encontrar significado en la vida a pesar de su dolor, pérdida y sufrimiento ineludibles. Se trata de reconocer, aceptar y esperar que la vida contendrá dificultades, que a veces la impermanencia duele, y luego seguir adelante con una actitud positiva a pesar de ello. Con el optimismo trágico, si una situación no se desarrolla tan mal como pensabas, te sorprenderás gratamente. Si una situación se desarrolla tan mal como pensabas, estarás preparado y sereno. La investigación muestra que las personas que enfrentan la vida con una mentalidad de optimismo trágico (en particular, aquellas que esperan una parte justa de cambio y dificultad) tienen respuestas físicas y psicológicas ventajosas al estrés. Sienten menos dolor, ganan fortaleza y tienen más probabilidades de seguir adelante con éxito después de una disrupción. Piensa en cuántas veces un niño pequeño se cae mientras aprende a caminar o correr. Puede que se golpee y se lastime, pero en definitiva no siente tanto dolor ni se desanima como lo haría un adulto. En esa etapa de desarrollo,

---

[11] Emma L. Bradshaw *et al.*, "Un meta-análisis del lado oscuro del sueño americano: evidencia de los costos universales del bienestar al priorizar metas extrínsecas sobre las intrínsecas", *Journal of Personality and Social Psychology*, vol. 124, núm. 4, 2023, pp. 873-899, http://psycnet.apa.org/record/2022-90266-001.

los niños pequeños no esperan nada menos que una gran lucha y, por lo tanto, están listos para enfrentarla.

Vale la pena ser explícito: el optimismo trágico no consiste en buscar activamente el sufrimiento. Creo firmemente en que, si podemos evitar el sufrimiento, deberíamos hacerlo. Más bien, el optimismo trágico trata de reconocer la inevitabilidad del sufrimiento, que la vida nos da mucha práctica por sí sola, y también que generalmente tenemos al menos algo de influencia sobre cómo lo enfrentamos. "¿Significa esto que el sufrimiento es indispensable para el descubrimiento del sentido? En absoluto. Solo insisto en que el sentido está disponible a pesar de e incluso a través del sufrimiento, siempre y cuando el sufrimiento sea inevitable", escribe Frankl. "Si es evitable, lo significativo es eliminar su causa, ya que el sufrimiento innecesario es masoquista más que heroico. Si, por otro lado, uno no puede cambiar la situación que causa el sufrimiento, aún puede elegir la actitud con la que lo enfrentará". Esto, por supuesto, es justo lo que Frankl hizo como sobreviviente del Holocausto[12] y lo que Hollerbach hizo en respuesta a su ceguera.

Una teoría científica de por qué el optimismo trágico funciona

El trabajo de Frankl sobre el optimismo trágico precedió a las últimas afirmaciones de la neurociencia sobre el cerebro predictivo. Pero, sabiendo lo que sabemos ahora, quiero presentar un argumento sobre por qué el optimismo trágico es una perspectiva tan efectiva. Si esperas y predices que la vida será difícil, entonces no te sorprenderás cuando lo sea, lo que en sí mismo hace que la vida sea más fácil, y también mejora tus posibilidades de encontrar ecuanimidad y significado en medio del cambio y la lucha. Otro

---

[12] Frankl, *Man's Search for Meaning.*

poderoso ejemplo de pensamiento no dual: el optimismo trágico nos enseña que la vida puede ser triste *y* significativa, que podemos experimentar dolor *y* alegría, que el cambio puede traer angustia *y* esperanza, y que la impermanencia representa *tanto* finales *como* comienzos. Más que otra cosa, el optimismo trágico es una manera más precisa de conceptualizar un mundo caótico, uno que está lleno de complejidad y contradicciones. Y, como hemos aprendido, el cerebro favorece las concepciones y las expectativas precisas.

También es inherente al optimismo trágico la aceptación de cualquier emoción que sientas en respuesta al cambio y al desorden. Por ejemplo, tras los ataques terroristas del 11 de septiembre, muchas personas informaron comprensiblemente un aumento en los sentimientos de miedo, ansiedad, depresión, terror y desesperación. Pero estas emociones fueron más debilitantes y persistentes para algunos. Un equipo de investigadores de la Universidad de Carolina del Norte en Chapel Hill y de la Universidad de Michigan en Ann Arbor se propuso entender por qué. Descubrieron que las personas más resilientes reconocieron y sintieron completamente el horror de lo que sucedió. Experimentaron los mismos niveles de tristeza, estrés y dolor que las personas menos resilientes, pero también fueron capaces de mantener un espacio para emociones como el amor y la gratitud.[13]

Este estudio es uno de muchos que demuestran que el optimismo trágico es una cualidad útil, no porque adormezca el dolor o te convierta en un optimista irracional, sino porque ensancha tu apertura interior, creando espacio para que contengas una amplia gama de sentimientos, lo cual es una *expectativa precisa* de lo que significa ser humano. El optimismo trágico plantea

---

[13] Barbara L. Fredrickson *et al.*, "¿Qué tan buenas son las emociones positivas en las crisis?: Un estudio prospectivo de resiliencia y emociones tras los ataques terroristas en los Estados Unidos del 11 de septiembre de 2001", *Journal of Personality and Social Psychology*, vol. 84, núm. 2, febrero, 2003, pp. 365-376, https://www.ncbi.nlm.nih.gov/pmc/articles/PMC2755263.

que aún puedes disfrutar de un paseo por el bosque el mismo día en que sucede algo terrible en el mundo. También dice que puedes sentirte triste y decaído, aunque haya muchas cosas buenas en tu vida. En ocasiones experimentarás todas estas emociones no porque haya algo malo contigo sino precisamente lo contrario: porque todas estas emociones son parte de la existencia humana promedio. Lo que cambia con el optimismo trágico es que toda la represión habitual, la ilusión, la autocrítica y la desesperación quedan atrás. Esta perspectiva abre un espacio para que te comprometas con una *esperanza sabia* y enfrentes tus circunstancias con una *acción sabia*, conceptos a los que nos dirigiremos a continuación.

Esperanza sabia y acción sabia

En el corazón de la psicología budista yacen algunos textos antiguos en pali y sánscrito. En ellos, la palabra *dukkha* aparece en repetidas ocasiones. La primera noble verdad del budismo, la premisa que subyace a toda la filosofía, es *dukkha-satya*, o la verdad del *dukkha*. Hoy en día, la palabra *dukkha* se traduce comúnmente como "sufrimiento". Pero esta traducción no es tan precisa. *Du* es el prefijo para "difícil" o "duro", y *kha* tiene muchos significados, incluyendo "enfrentar". Si los juntas, obtienes que *dukkha* significa "difícil de enfrentar".[14] A diferencia de lo que muchas personas piensan, la primera noble verdad del budismo *no* enseña que la vida es sufrimiento; más bien, enseña que la vida está llena de dificultades. Quizás el sufrimiento sea el subproducto más común del *dukkha*, pero no es el *dukkha* en sí.

---

[14] John Maher, "Cuando Siddhartha conoció a Sigmund: PW habla con Mark Epstein", *Publishers Weekly*, 15 de diciembre de 2017, https://www.publishersweekly.com/pw/by-topic/authors/interviews/article/75640-when-siddartha-met-sigmund-pw-talks-with-mark-epstein.

Que la vida está llena de cosas difíciles de enfrentar era cierto en la época de Buda hace 2 500 años y sigue siendo cierto hoy. Ejemplos de esto incluyen lesiones o enfermedades personales, el cambio climático, las amenazas a la democracia, una pandemia y el deterioro relacionado con la edad, por nombrar solo algunos. Frente a todo este *dukkha*, tienden a prevalecer dos actitudes. Algunas personas eligen enterrar la cabeza en la arena, engañarse a sí mismas o expresar una positividad tóxica. Otras eligen ser excesivamente pesimistas o caen en la desesperación. Ambas actitudes son fáciles de adoptar porque te absuelven de hacer algo. La primera niega que algo esté mal; y si nada está mal, no hay nada de qué preocuparse, nada que cambiar. La segunda adopta una postura tan sombría que básicamente dice que cualquier acción sería inútil, así que ¿por qué molestarse? Es un camino rápido hacia la impotencia y el nihilismo. Ninguna de estas actitudes es particularmente útil. Pero, en algún punto intermedio, existe un tercer camino, un enfoque que es una extensión natural del optimismo trágico: comprometerse con una esperanza sabia y una acción sabia.

La esperanza sabia y la acción sabia exigen que aceptes y veas una situación claramente por lo que es y, luego, con la actitud esperanzada necesaria, digas: "Bueno, esto es lo que está sucediendo ahora, así que me concentraré en lo que puedo controlar, trataré de no obsesionarme con lo que no puedo, y haré lo mejor que pueda. He enfrentado otros desafíos y otros momentos de duda y desesperación, y he salido adelante".

La esperanza sabia y la acción sabia no solo son caminos para involucrarse productivamente e influir en el cambio y el desorden. También apoyan la salud física y mental. La desesperanza y la impotencia están asociadas con la depresión clínica y el deterioro físico. Mientras tanto, la positividad tóxica se asocia con niveles crecientes de la hormona del estrés (cortisol), lo que lleva a la hipertensión, dolores de cabeza, insomnio, obesidad y muchas otras enfermedades modernas (porque la ilusión requiere mucho trabajo).[15] Sin embargo, si podemos responder hábilmente a los cambios que son difíciles de enfrentar, si podemos responder con esperanza sabia y acción sabia, entonces reducimos nuestras reacciones inadaptadas y nos volvemos más resilientes.

En 1985, un joven llamado Bryan Stevenson se graduó en Harvard con una maestría en Políticas Públicas y un doctorado en Derecho. Su atracción por la ley siempre había estado enraizada en la protección de los derechos civiles y la provisión de justicia equitativa. Se convirtió en abogado en el Centro de Derechos Humanos del Sur, en Atlanta, Georgia, una organización que representa a los acusados y convictos con pena de muerte. En 1989, después de unos años, Stevenson fundó la Iniciativa de Justicia Igualitaria (EJI, por sus siglas en inglés), una organización de derechos humanos en Montgomery, Alabama, dedicada a poner fin a la encarcelación masiva y a proteger los derechos de las personas más vulnerables en Estados Unidos, como aquellos que están sentenciados a muerte. Dondequiera que Stevenson miraba, veía injusticia, brutalidad y sufrimiento. Intentar generar un equilibrio se convirtió en su misión.

En las últimas tres décadas, Stevenson y la EJI han ganado importantes batallas legales, eliminando sentencias excesivas e injustas, exonerando a prisioneros inocentes sentenciados a muerte, enfrentando el abuso hacia los encarcelados y los enfermos mentales, y ayudando tanto a niños procesados como adultos. Stevenson ha argumentado y ganado múltiples casos en la Corte Suprema de Estados Unidos, incluyendo una sentencia histórica en 2012 que prohibió la prisión de por vida sin posibilidad de libertad condicional para jóvenes de 17 años o

---

[15] McGonigal, *The Upside of Stress*.

menores al momento de su condena. Ha logrado revocaciones y liberación para más de 135 prisioneros condenados a muerte por error, y ha ayudado a muchos más. Por su trabajo representando a poblaciones gravemente desfavorecidas y marginadas, Stevenson ha ganado numerosos premios y distinciones, entre ellos el premio de la Fundación MacArthur. Sus memorias de 2014, *Cuestión de justicia,* se convirtieron en un *bestseller* inmediato y fueron adaptadas a una película del mismo nombre, interpretada por el actor Michael B. Jordan. Además de su trabajo como defensor, Stevenson es profesor en la Facultad de Derecho de la Universidad de Nueva York y ha liderado la creación de dos sitios de patrimonio cultural en Montgomery, Alabama, ambos dedicados a la relación entre la esclavitud, la segregación y la encarcelación masiva.

La carrera de Stevenson ha sido muy productiva. Sus logros serían extraordinarios en cualquier campo, pero son especialmente notables dado su ámbito de trabajo y los desafíos desalentadores que enfrenta. Representar a acusados de delitos con penas capitales te sitúa en el centro del dolor y el sufrimiento inimaginables que atraviesan los acusados falsamente y los acusados con razón, las familias de los acusados y las de las víctimas; te pone en el centro de innumerables ejemplos de racismo y otras formas de discriminación en el sistema. Como tal, para la protección tanto de su salud física como emocional, muchos defensores públicos mantienen distancia con sus clientes. Pero Stevenson opera de manera diferente. Se acerca a ellos.

"Creo que todos somos más que la peor cosa que hayamos hecho. No creo que, si alguien dice una mentira, sea solo un mentiroso. No creo que, si alguien mata a alguien, sea simplemente un asesino. Creo que la justicia requiere que veamos las otras cosas que somos. Si el defensor no puede acercarse lo suficiente para ver cuáles son esas cosas, no va a hacer un muy buen trabajo", dice Stevenson, quien es conocido por entrar en cárceles y prisiones, y pasar horas y horas sentado con los acusados, escuchando sus historias, afirmando su humanidad y ofreciéndoles dignidad.[16]

Stevenson no se engaña sobre los severos problemas de nuestro sistema de justicia moderno. Tampoco sobre la culpabilidad de algunas de las personas que representa y que cometieron crímenes atroces (la mayoría de los cuales surgen de condiciones atroces). Su proximidad al *dukkha* derrumba cualquier posibilidad de ingenuidad o ceguera voluntaria. Sin embargo, no cae en el nihilismo o la desesperación crónica. Personificando la esperanza sabia y la acción sabia, Stevenson dice que, "en última instancia, estamos hablando de una necesidad de tener más esperanza, ser más comprometidos y más dedicados a los desafíos básicos de vivir en un mundo complejo". La innovación, la creatividad y el desarrollo no provienen solo de las ideas en nuestra mente, "sino de las ideas en nuestras mentes, que también están alimentadas por alguna convicción en nuestros corazones. Y es esa conexión mente-corazón la que creo que nos dice que estemos atentos no solo a todas las cosas brillantes y deslumbrantes, sino también a las cosas oscuras y difíciles… Hay días difíciles, días dolorosos, pero estoy realmente agradecido de haber visto surgir la justicia, de haber visto prevalecer la verdad, y eso es algo increíble".[17]

La historia de Stevenson es un gran ejemplo de esperanza sabia y acción sabia, precisamente la razón por la que he elegido incluirla. Si Stevenson puede demostrar esperanza sabia y acción sabia bajo las condiciones en las que opera, entonces también nosotros podemos hacerlo en nuestras vidas. Vale la pena señalar lo triste que es que el sistema de justicia actual requiera el trabajo heroico de Stevenson. Pero, de nuevo, esta es precisamente la

---

[16] "Entrevista con Bryan Stevenson de Just Mercy", *Rolling Out*, 17 de diciembre de 2019, video, 6:57, https://www.youtube.com/watch?v=vZZ6xp38ukM.

[17] "Bryan Stevenson: Necesitamos hablar sobre una injusticia", charlas TED, 5 de marzo de 2012, video, 23:41, https://www.youtube.com/watch?v=c2tOp7OxyQ8; y "Entrevista con Bryan Stevenson de Just Mercy", *Rolling Out*.

razón por la que su historia está incluida. Aferrarse a la esperanza puede ser un trabajo arduo, especialmente en las circunstancias en las que más la necesitamos. Muchas cosas en nuestro mundo son disfuncionales, parece que hay un *dukkha* interminable. Enfrentarlo es muy desafiante, pero la alternativa (no hacer nada, ya sea por ceguera voluntaria o desesperación) es indudablemente peor. Si tenemos alguna oportunidad de mejorar un mundo roto, no debemos convertirnos en personas rotas.

¿Significa esto que todos necesitamos hacer el trabajo que hace Stevenson y al nivel en que lo hace? No. Pero debería inspirarnos a enfrentar las dificultades en nuestras propias vidas con esperanza sabia y acción sabia, la primera facilitando el espacio para la segunda. Cuando esperamos que la vida sea dura pero también mantenemos nuestras mentes y corazones receptivos a la alegría y la posibilidad, cuando abrazamos el optimismo trágico y lo seguimos con esperanza sabia y acción sabia, nos fortalecemos para recorrer nuestros senderos sin importar a dónde nos lleven, incluso si eso significa entrar en las mazmorras del corredor de la muerte.

La esperanza, escribe el filósofo Kieran Setiya, "mantiene viva la chispa de la acción potencial".[18] La acción es esencialmente imposible sin esperanza; de lo contrario, no habría razón para hacer nada en ausencia de al menos alguna creencia de que podría tener resultados fructíferos. Lo que hace que la esperanza sabia y la acción sabia sean tan difíciles, entonces, es que nos hacen vulnerables a la pérdida y el dolor adicionales si las cosas no salen como esperábamos. Nos obligan a involucrarnos plenamente. Pero, de nuevo, ¿no es ese el objetivo de estar vivos?

---

[18] Kieran Setiya, *Life Is Hard: How Philosophy Can Help Us Find Our Way*, Nueva York: Riverhead Books, 2022, p. 178.

Sufrimiento es igual a dolor multiplicado por resistencia

Imagina que tienes dolor en la parte baja de la espalda. En una escala del uno al diez, calificas tu dolor como un seis. Ahora imagina que te frustras mucho por el dolor. Te molesta que esté arruinando tu día y, lo que es peor, te preocupa que no podrás hacer senderismo con tus amigos el próximo fin de semana, como habías planeado. No ayuda que el ibuprofeno y el Tylenol que tomaste no hagan efecto. Empiezas a pensar catastróficamente y temes que el dolor nunca se vaya. Crees que puedes sentirte así para siempre. Además de los seis puntos de dolor que estás experimentando, ahora has agregado siete puntos de resistencia. Solo que la resistencia no se suma al dolor; generalmente es un multiplicador. En otras palabras, el sufrimiento no es lo mismo que el dolor: el sufrimiento es igual a dolor multiplicado por resistencia. En este ejemplo, tienes 42 unidades de sufrimiento (es decir, seis unidades de dolor multiplicadas por siete unidades de resistencia). Cuanto más resistes tu dolor, más grave se vuelve tu sufrimiento, de manera exponencial. Afortunadamente, la misma lógica matemática funciona en la dirección opuesta. Siguiendo con el ejemplo anterior, si pudieras reducir tu resistencia a tres, tu sufrimiento total bajaría a 18 (es decir, seis unidades de dolor multiplicadas por tres unidades de resistencia). Aunque esta ecuación puede no ser matemáticamente perfecta, la investigación muestra que es conceptualmente precisa.[19]

Piensa en el Centro de Rehabilitación del Dolor de la Clínica Mayo, una institución de alto nivel. Personas de todo el mundo

---

[19] Phillip Moffitt, *Dancing with Life*, Emmaus, Pensilvania: Rodale, 2008. Primero encontré la ecuación "sufrimiento igual a dolor multiplicado por resistencia" en el libro de Phillip Moffitt. Sin embargo, cuando intenté rastrear la fuente original, me encontré con varias. Lo mejor que puedo ofrecer es que esta ecuación se remonta a la comunidad budista occidental.

viajan a Rochester, Minnesota, para inscribirse en él, a menudo como un último intento para eliminar su sufrimiento después de que todo lo demás ha fallado. Los pacientes llegan con una amplia variedad de dolencias que incluyen dolor crónico de espalda, fibromialgia, dolores de cabeza, neuropatía, síndrome de fatiga crónica y todo tipo de trastornos digestivos. El programa se basa en un enfoque multifacético que incluye terapia física, terapia cognitiva, terapia conductual, biorretroalimentación y educación. El objetivo final del programa no es eliminar el dolor de los pacientes, sino eliminar el deseo abrumador de los pacientes de eliminar su dolor. Esto comienza a ayudar a los pacientes a reducir el uso de opioides y otros medicamentos, y termina cuando ellos aprenden a actualizar sus expectativas sobre el dolor y a aceptar que cierta cantidad está bien, reduciendo así su resistencia. Un objetivo central del programa es eliminar la noción catastrófica del malestar o padecimiento y aumentar gradualmente el número de actividades en las que los pacientes pueden participar.

Cathy Jasper sabe esto de primera mano. Cuando cumplió 60 años, comenzó a experimentar síntomas extraños que crecieron rápidamente en número e intensidad. Incluían pérdida de memoria, debilidad en el lado izquierdo de su cuerpo, dolor extremo de espalda y alodinia, es decir, el dolor causado por actividades que por lo general no causan incomodidad. La alodinia llegó a tal punto que le impidió abrazar a su esposo, poner el codo sobre una mesa y, después de un tiempo, incluso comer. Sus síntomas duraban casi un mes, desaparecían durante varios meses y luego volvían, aparentemente al azar. Durante una etapa difícil, también comenzó a tener convulsiones, se debilitó y perdió 13 kilos.

Jasper buscó en todas partes una explicación de lo que le estaba sucediendo. Consultó a varios médicos, se sometió a una evaluación en un centro de epilepsia y comenzó a tomar medicamentos alternativos, suplementos y aceite de CBD en un esfuerzo por aliviar su malestar. Después de dos años de sufrimiento, le diagnosticaron síndrome de sensibilización central, una condición en la que el sistema nervioso central amplifica las señales enviadas a las cortezas sensoriales y motoras del cerebro, provocando una amplia gama de síntomas desconcertantes. Tras recibir el diagnóstico, se inscribió en el Centro de Rehabilitación del Dolor de la Clínica Mayo.

Una parte especialmente efectiva del tratamiento de Jasper (y de tantos otros en el programa) se llama *exposición gradual al ejercicio*. En ella, los pacientes que están convencidos de que su dolor les impide participar en ciertas actividades son expuestos de manera progresiva a ellas, todo bajo la supervisión de terapeutas o médicos. En la mayoría de los casos, se dan cuenta de que, si logran superar el primer brote de dolor, comienzan a estabilizarse y sentirse bien, si no es que mejor. Con el tiempo, se les expone a desafíos cada vez mayores. "El dolor es una señal de advertencia de tu cerebro, porque tienes miedo de lastimarte", dice David Brown, un fisioterapeuta del programa. "Pero a veces el cerebro envía erróneamente estas señales de dolor. El enfoque de ejercicio gradual reentrena a tu cerebro para entender que es seguro moverse", añade.[20]

Brown explica que, en el caso de Jasper, "ella tenía muchas expresiones verbales y faciales de dolor. No solo evitaba las actividades diarias debido al dolor, sino que también se había retirado de las actividades sociales debido a los episodios que tenía". Gran parte del trabajo de Brown es ayudar a pacientes como Jasper a identificar sus comportamientos habituales de dolor y patrones de resistencia, y luego idear estrategias para detenerlos. El objetivo no es eliminar el dolor, sino ayudar a los pacientes a enfrentarlo de manera más hábil de modo que puedan llevar vidas plenas y, al hacerlo, minimizar su sufrimiento en general.

---

[20] Joel Streed, "El Centro de Rehabilitación del Dolor ofrece liberarse de los síntomas debilitantes", Clínica Mayo, 11 de marzo de 2020, https://sharing.mayoclinic.org/2020/03/11/pain-rehabilitation-center-offers-freedom-from-debilitating-symptoms.

Al final de su tratamiento, Jasper pasó de tener diez episodios de síntomas por día a ninguno. Podía caminar más de medio kilómetro en seis minutos, un aumento del 20% desde que comenzó el programa. Y los efectos han sido duraderos. "Casi dos años después, continúo haciendo ejercicio cardiovascular y terapia física de tres a cinco días a la semana. La terapia física me mantiene equilibrada", dice. "Puedo participar y mantenerme al día en conversaciones grupales. Estoy durmiendo ocho horas por noche", agrega. "Puedo cuidar de mi nieto de 16 meses y de un familiar con Alzheimer que vive con nosotros. Mi esposo viaja internacionalmente por trabajo y yo puedo acompañarlo". Aunque Jasper aún experimenta dolor y otros síntomas, su sufrimiento es mucho menor que antes, principalmente porque ha reducido gran parte de su resistencia.[21] Esto no quiere decir que el dolor no sea real y no pueda ser debilitante. Simplemente quiere decir que muchas personas descubren beneficios al aprender a disminuir su resistencia, por difícil que sea.

El Centro de Rehabilitación del Dolor de la Clínica Mayo es sorprendentemente efectivo por dos razones: primero, cambia las expectativas de los pacientes sobre el dolor, de algo que se debe evitar y curar a algo que se debe manejar. Segundo, enseña a los pacientes a reducir su resistencia. Es un enfoque que ejemplifica las dos ecuaciones importantes en este capítulo: la felicidad es igual a realidad menos expectativas, y el sufrimiento es igual a dolor multiplicado por resistencia. Si puedes alinear tus expectativas con la realidad y minimizar tu resistencia al dolor y al malestar (o más ampliamente, a todo lo que es difícil de enfrentar, a la verdad

---

[21] He incluido la mayoría del material de sustento del reportaje anterior, así como algunas citas directas de los involucrados. Sin embargo, he cambiado la identidad de la persona en el texto.

del *dukkha*), te preparas para una mejor experiencia y mejores resultados, sin importar lo que enfrentes. Recuerda que el cerebro es una máquina de predicción. Puedes desear que la vida siga un cierto rumbo, planificarlo y hacer todo lo posible por manifestar esos planes, pero en algún momento las cosas inevitablemente se desvían. Cuanto más te retraigas y te apartes, peor estarás. El trabajo crucial es actualizar tus expectativas y confrontar la realidad, incluso si hacerlo es difícil e incómodo al principio.

Ya sea una condición como el síndrome de sensibilización central, la aparición de una nueva variante de virus o un cambio mucho menor, cuanto más rápido puedas deshacerte de la resistencia fútil y enfrentar hábilmente lo que está sucediendo, mejor te sentirás y serás capaz de hacer más cosas. El optimismo trágico te ayuda a establecer expectativas apropiadas. La esperanza sabia y la acción sabia te permiten avanzar con gracia y determinación.

Nuestros senderos presentarán todo tipo de dificultades. Así es como funcionan. Todo lo que podemos hacer es llamar a las cosas por su nombre (incluso, y quizás especialmente, si pensábamos que las cosas serían diferentes) y lidiar con lo que se nos presenta.

Una mentalidad robusta y flexible

Los dos componentes centrales de una mentalidad robusta y flexible trabajan de manera conjunta. Primero, debemos soltar el peso de la negación y la resistencia y, en su lugar, abrirnos al *flujo de la vida*, aceptando que la única constante es el cambio y viéndolo claramente tal cual es. Segundo, debemos *esperar que sea difícil*, lo que, paradójicamente, hace que todo sea más fácil. Como mencioné antes, estos cambios de mentalidad son poderosos gracias a nuestra experiencia de la impermanencia y, por lo tanto, nuestra capacidad para trabajar con ella depende de cómo la veamos. El objetivo de adoptar una mentalidad robusta y flexible es mejorar nuestra visión respecto a ella (o en el lenguaje de la neurociencia, mejorar nuestras *predicciones*), haciendo que sea más matizada, compleja y precisa. Cuando desechamos nuestros prejuicios y preconceptos, nos sentimos mejor y nos va mejor. Una mentalidad robusta y flexible es la base sobre la cual podemos construir una nueva relación ventajosa y libre con el cambio y el desorden, una que navega hábilmente a través de los obstáculos y las ondulaciones inevitables en nuestros senderos, e incluso crece a partir de ellos.

Muchas de las personas cuyas historias leíste en los primeros dos capítulos, Tommy Caldwell, mi clienta Christine, Serge Hollerbach, Cathy Jasper y Bryan Stevenson, experimentaron no solo cambios externos, sino también internos. Por un lado, son los mismos de siempre. Por el otro, evolucionaron dramáticamente a lo largo de sus vidas como resultado de sus experiencias. Esto es cierto no solo para ellos, sino para todos nosotros. Mientras recorremos nuestros respectivos senderos y navegamos a través de ciclos continuos de orden, desorden y reordenamiento, dejamos de lado ciertas cualidades, características y actitudes que hemos cargado, y recogeremos otras nuevas para llevar con nosotros.

¿Qué significa entonces tener una identidad fuerte y duradera cuando todo, incluyéndonos, está siempre cambiando? ¿Cómo creamos un sentido de identidad que sea a la vez robusto y flexible, y que pueda resistir y crecer a partir del cambio? Estos son los temas que abordaremos en la siguiente parte de este libro.

Espera que sea difícil

- Una característica clave que diferencia la alostasis (el nuevo y más preciso modelo de cambio) de la homeostasis (el antiguo modelo) es que la alostasis tiene un componente anticipatorio: mientras que la homeostasis es indiferente a las expectativas,

ESPERAR QUE SEA DIFÍCIL

la alostasis establece que las expectativas moldean nuestra experiencia.

- La felicidad es el resultado de tu realidad menos tus expectativas.
- Nuestra cultura nos empuja a usar gafas color de rosa y a *pensar positivo*, pero tenemos mejores oportunidades de sentirnos y hacer bien las cosas si establecemos expectativas realistas; incluyendo la de que las cosas cambian todo el tiempo, a veces para mejor y a veces para peor.
- Nuestros cerebros están constantemente tratando de predecir lo que sucederá a continuación para luego alinear esas predicciones con la realidad; cuando nuestras predicciones son incorrectas, nos beneficiamos al actualizarlas tan rápido como podamos.
- Cultivar una perspectiva de optimismo trágico ofrece numerosas ventajas: podemos avanzar con gracia y determinación aun al darnos cuenta de que la vida conlleva dolor y sufrimiento inevitables.
- Cuando enfrentes desafíos significativos, en lugar de ser una Pollyanna o hundirte en la desesperación y el nihilismo (ambos, extremos desadaptados), haz lo que puedas para comprometerte con la esperanza sabia y la acción sabia. "Me guste o no, esto es lo que está pasando ahora; voy a enfocarme en lo que puedo controlar, hacer lo mejor que pueda y atravesar esta situación".
- El sufrimiento es igual al dolor multiplicado por la resistencia; cuanto más te desprendas de tu resistencia, mejor te sentirás y harás las cosas.

PARTE 2
IDENTIDAD ROBUSTA Y FLEXIBLE

CAPÍTULO 3

CULTIVAR NUESTRO SENTIDO FLUIDO

Recuerdo claramente despertarme una fría mañana de febrero de 2022 con mi teléfono lleno de mensajes: "¿Has visto el documento de Nils van der Poel?".

Poco después de ganar dos medallas de oro y establecer un récord mundial en los Juegos Olímpicos de Invierno de ese año en Beijing, China, el patinador sueco Nils van der Poel, de 25 años, hizo algo que nadie esperaba. Publicó un PDF de 62 páginas titulado "Cómo patinar un 10K… y también medio 10K", refiriéndose a los dos eventos que ganó en los Juegos Olímpicos. Rara vez, si es que hay alguna, los atletas de clase mundial comparten sus programas de entrenamiento, pues suelen ser fórmulas ultrasecretas. Por esa razón, la decisión de Van der Poel de hacer público el suyo fue interesante. Sin embargo, me confundía la razón por la que tantas personas pensaron en mí al leer el documento. No soy patinador ni tampoco sigo ese deporte de cerca. Me picó la curiosidad. Fui a mi computadora y descargué el PDF. Una sorpresa me esperaba.

La primera página de este documento de *entrenamiento* estaba completamente en blanco, salvo por una sola cita del psicólogo Carl Jung: "Parece que todas las cosas verdaderas deben cambiar y solo aquello que cambia permanece verdadero". En febrero de 2022, aún no había compartido la idea para el libro que estás leyendo con nadie aparte de mi esposa, mi agente literario y mi editor. Así que te puedes imaginar la sensación que me recorrió la espalda al leer esto. Sí, el PDF contenía todo tipo de entrenamientos específicos y protocolos de ejercicio. Pero también desarrollaba un planteamiento sobre la búsqueda, el significado y el valor de la excelencia, desafíos y tribulaciones incluidas. Y eso, queridos lectores, es el contenido por el que estoy aquí.

Es bien sabido que los atletas de resistencia suelen ser grandes filósofos. Correr, patinar, andar en bicicleta y nadar son todas actividades solitarias. Cualquiera que se tome en serio practicarlas termina pasando mucho tiempo en su propia cabeza. Van der Poel, que entrenó más de siete horas al día durante su preparación para los Juegos Olímpicos, no fue la excepción. En esas siete horas, reflexionó extensamente sobre su identidad y autoestima.

Mientras que muchos atletas olímpicos se definen a sí mismos por su deporte, diseñando cada hora de sus vidas en torno a él, Van der Poel no lo hizo. En el periodo previo a los Juegos Olímpicos de 2022, en lugar de usar sus días de descanso y recuperación para acostarse en el sofá a beber batidos de proteínas, recibir gran cantidad de masajes o dormir (lo que hace casi cualquier otro atleta de talla mundial) salió con amigos. "Mis días de descanso solían ser los fines de semana", escribe. "De manera que pasaba esos días divirtiéndome con mis amigos. Generalmente no entrenaba en los días de descanso. Descansaba tanto mi mente como mi cuerpo. Sin embargo, si mis amigos querían ir a esquiar en los Alpes o hacer una caminata, me unía a ellos. No realizaba ninguna recuperación específica. Intentaba llevar una vida normal… Bebía cerveza como cualquier otro joven de 25 años". Para un atleta del calibre de Van der Poel vivir dos días a la semana reincorporándose a la normalidad, durante el periodo previo a los Juegos Olímpicos, es algo sin precedentes.

Van der Poel no siempre fue así. En su juventud, se identificaba completamente con el patinaje de velocidad y su cultura, a tal grado que se volvió dependiente de su éxito en la pista. "Cuando era adolescente, el deporte significaba todo para mí, lo cual no creo que sea algo bueno", explica. Cuando el entrenamiento y las competencias iban bien, estaba eufórico. Pero algo tan trivial como un mal día de entrenamiento podía arrojarlo a una espiral descendente y pronunciada. Después de unos años de estar en esta montaña rusa emocional, algo muy común entre las personas motivadas de casi todas las disciplinas, Van der Poel decidió que era una forma insostenible de entrenar, por no decir de vivir. No podía ser solo un patinador de velocidad. El deporte podría constituir una parte significativa de su identidad, pero no podía abarcarla totalmente.

Y así, a sus veintitantos años, Van der Poel se concentró en construir una vida fuera del deporte. Salía a comer pizza y beber cerveza con amigos que no tenían nada que ver con el patinaje de velocidad y leía libros no relacionados con el entrenamiento. Irónicamente, en lugar de perjudicar su rendimiento sobre el hielo, estas otras actividades lo impulsaron hacia adelante. "Crear significado y valor en la vida fuera de la pista de patinaje me ayudó a superar los periodos de entrenamiento difíciles", escribe. "Cuando el entrenamiento no iba bien, tal vez algo más en la vida sí lo hacía y eso me animaba". Más tarde, cuando Van der Poel se volvió más exitoso, recibiendo cada vez más atención de los medios, las otras partes de su vida lo mantenían con los pies en la tierra. "Sabía quién era yo, y no era solo un patinador de velocidad", explica.

Quizás la mayor ventaja de la identidad fluida de Van der Poel es que se volvió menos frágil ante los inevitables altibajos de su carrera. Escribe que diversificar las fuentes de sentido en su vida le ayudó a "enfrentar el horrible hecho de que solo un atleta ganará la competencia y todos los demás perderán; que una lesión o enfermedad puede sabotear cuatro años de trabajo". Paradójicamente, solo cuando Van der Poel se sintió más cómodo con la idea de cambio y desorden, fue que su patinaje se volvió más relajado, estable y divertido. Un día era un atleta olímpico que entrenaba durante siete horas; al siguiente era un tipo común con amigos y pasatiempos normales. Cualquier grado de *fitness* que haya sacrificado al comprometer ciertas cuestiones específicas de su entrenamiento y recuperación, lo ganó diez veces más en *fitness* mental gracias a su nueva libertad y fluidez.

Describiendo el impacto positivo de su sentido expandido del *yo*, Van der Poel escribe: "Ya no había nada que temer".

A diferencia de otros tipos de materia, los fluidos contienen masa y volumen, pero no forma. Esto les permite fluir sobre y alrededor de los obstáculos, cambiando de forma mientras mantienen su sustancia, sin quedar atascados ni fracturarse cuando surgen impedimentos imprevistos en su camino. Cultivar un sentido fluido de sí mismo le permitió a Van der Poel hacer lo mismo. Al desarrollar y nutrir otras partes de su identidad, pudo fluir en los días malos de entrenamiento y las derrotas, superar el bombo mediático y atravesar enfermedades, lesiones y fatiga.

El sentido fluido del *yo* de Van der Poel lo protegió de los problemas de salud mental que enfrentan muchos atletas olímpicos, particularmente cuando toda su identidad queda entrelazada con su deporte. Una gran cantidad de investigaciones demuestra que cuando hay una fusión demasiado grande entre la identidad de una persona y su objetivo o anhelo, con frecuencia hay ansiedad, depresión y agotamiento. Esto es especialmente cierto durante periodos de cambio y transición, cuando el sentido dominante de la identidad se siente en riesgo.[22] El deporte de alto rendimiento puede ser un ejemplo extremo, pero es un patrón que se

---

[22] Robert J. Vallerand *et al.*, "Les passions de l'âme: Sobre la pasión obsesiva y armoniosa", *Journal of Personality and Social Psychology*, vol. 85, núm. 4, 2003, pp. 756-767, https://selfdeterminationtheory.org/SDT/documents/2003_VallerancBlanchardMageauKoesnterRatelleLeonardGagneMacolais_JPSP.pdf.

mantiene en todas las líneas de trabajo y en todos los ámbitos de la vida: si quieres ser excelente y experimentar algo con plenitud, debes entregarte por completo, pero solo hasta cierto punto. Si tu identidad se enmaraña demasiado en un solo concepto o empeño (ya sea tu edad, cómo te ves en el espejo, una relación o tu carrera), es probable que enfrentes un gran malestar cuando las cosas cambien, lo cual, para bien o para mal, siempre ocurre.[23]

Nada de lo anterior es una autorización para el *laissez-faire* o hacer las cosas sin compromiso. Van der Poel no lo hizo. Entrenó duro y se convirtió en el mejor del mundo. Cuidar profundamente a las personas, las actividades y los proyectos que amas es clave para una existencia rica y significativa. El problema no es cuidar profundamente, sino cuando tu identidad se adhiere de manera muy rígida a cualquier objeto o empeño. Debe estar lo suficientemente conectada, pero no demasiado, un concepto crucial que es fácil de entender pero difícil de practicar, por lo que nos centraremos en él en las siguientes páginas.

Pero primero, algunas notas sobre la terminología. A lo largo de este capítulo, utilizaremos las palabras *yo, ego* e *identidad* de manera intercambiable. *Ego* se definirá según su uso original en psicología, no como *mira lo grandioso que soy*, sino simplemente como *yo soy*. Cuando el ego se contrae alrededor de un solo objeto, tiende a aferrarse con fuerza, y también odia desaparecer. Afortunadamente, un sentido fluido del *yo* no requiere la desaparición del ego, sino solo que afloje su agarre y amplíe su alcance. Al igual que los líquidos que dependen de la unión de diferentes átomos, un sentido fluido del *yo*, tanto robusto como flexible, depende de la unión exitosa de nuestras partes únicas, un concepto al que nos dirigiremos a continuación.

---

[23] Nils van der Poel, "Cómo patinar un 10K... y también medio 10K", consultado el 12 de octubre de 2022, https://www.howtoskate.se/_files/ugd/e11bfe_b783631375f543 248e271f440bcd45c5.pdf.

La persistencia favorece la complejidad

Quizás nada representa un ciclo continuo e implacable de orden, desorden y reordenamiento a escala máxima como la evolución. Durante largos periodos, la Tierra es relativamente estable. Pueden ocurrir cambios radicales (calentamiento, enfriamiento o la caída de un asteroide desde el espacio, por ejemplo) y estos puntos de inflexión son seguidos por periodos de disrupción y caos. Finalmente, la Tierra, y todo en ella, recupera la estabilidad, pero esa estabilidad está en un lugar nuevo.

Durante este ciclo, algunas especies se extinguen. Otras sobreviven y prosperan. Las especies del segundo grupo tienden a presentar altos grados de lo que los biólogos evolutivos llaman *complejidad*.

La complejidad se compone de dos elementos: diferenciación e integración. La diferenciación es el grado en que una especie está compuesta por partes que son distintas en estructura o función entre sí. La integración es el grado en que esas partes distintas se comunican y mejoran las funciones de las otras para crear un todo cohesionado. Considera al *Homo sapiens* (tú y yo) la especie de primate más abundante y extendida. Tenemos cuerpos grandes, cuatro extremidades, pulgares opuestos, una temperatura corporal más o menos resistente a las condiciones externas, buena visión y audición, tractos digestivos que pueden procesar una amplia variedad de nutrientes, y la capacidad para el lenguaje y la comprensión. En otras palabras, somos una especie altamente diferenciada. Pero también tenemos cerebros enormes y sistemas nerviosos avanzados que integran todas estas partes en un todo cohesionado. La combinación de estas cualidades, amplia diferenciación e integración fuerte, nos convierte en una especie decididamente compleja. Nuestra complejidad es la razón por la que hemos llegado hasta aquí y, con suerte, permaneceremos al menos un poco más.

Aunque el cambio a nivel individual, la preocupación principal de este libro, es diferente al cambio a escala evolutiva, aún hay mucho que podemos aprender de los principios fundamentales de la evolución; lecciones que se aplican a los horizontes de nuestras propias vidas. Si queremos sobrevivir y prosperar durante los ciclos continuos de cambio y desorden, entonces también podemos beneficiarnos de desarrollar nuestras propias versiones de complejidad.

Ginger Feimster estaba batallando. Aunque había nacido en la opulencia en Belmont, Carolina del Norte, su familia había perdido casi toda su fortuna por deudas de juego. Hubo momentos en los que no tenían luz y era difícil para ella poner comida en la mesa para sus tres hijos. No se llevaba bien con su esposo, Mike, y se divorciaron poco después del nacimiento de su tercer hijo, Fortune. Para atravesar los tiempos difíciles, Ginger se apoyaba en su sólida fe cristiana, que siempre había sido parte central de su identidad. Después del divorcio, se volcó aún más en ella y comenzó a salir con hombres especialmente devotos, involucrándose más en la iglesia, con sus creencias y volviéndose cada vez más fervorosa.

A pesar de su precaria situación financiera, Ginger estaba decidida a que su única hija, Fortune, creciera como una dama, tal como lo había hecho ella de pequeña. Con lo poco que logró ahorrar, inscribió a Fortune en una escuela de etiqueta, una reliquia de la vieja cultura sureña de Estados Unidos, donde se enseña a las chicas modales, etiqueta y ritos culturales de clase alta para "prepararlas en su ingreso a la sociedad". Ginger encontró motivación y propósito en la idea de que Fortune la enorgullecería cuando debutara como toda una dama en el baile para debutantes de Gastonia, lo cual hizo en 1998, a la edad de 18 años. Ginger estaba encantada con la mujer en la que su hija se estaba convirtiendo. Esto le daba sentido a su vida y hacía que todos sus sacrificios parecieran valer la pena. Fortune, por otro lado, no estaba tan segura. Su principal motivación al seguir estos pasos era complacer a su madre, a quien amaba profundamente.

Unos meses después del baile de debutantes, Fortune se trasladó a Peace College, una pequeña escuela afiliada a la iglesia presbiteriana en Raleigh, Carolina del Norte. Ahí destacó jugando futbol y tenis, presidiendo el cuerpo estudiantil, graduándose con *summa cum laude* y hablando en la ceremonia de graduación de su clase en 2002. Todas sus horas extracurriculares estaban llenas de actividades, por lo que no tenía mucho tiempo para salir con chicos. Poco después de la universidad, Fortune se mudó a Los Ángeles para seguir una carrera en el mundo del espectáculo. Fue ahí donde vio una película en el canal de televisión Lifetime, *La verdad acerca de Jane*, que presentaba a una protagonista lesbiana. Fortune quedó cautivada y, de pronto, se dio cuenta de lo que había estado gestándose dentro de ella durante años: ella también era gay.

Es comprensible que se sintiera nerviosa al compartir esta noticia con su madre. "Al crecer en el Sur, amábamos dos cosas: la iglesia y Chili's. Todos en el Sur van a la iglesia; hay una en cada esquina", recuerda Fortune, refiriéndose a la comunidad en la que creció a principios de los años 2000, mucho antes de que la homosexualidad fuera aceptada abiertamente en muchos lugares, aunque no en todos, como en el sur de Estados Unidos. "Decidí llevar a mi mamá a mi restaurante chino favorito para darle la noticia porque pensé que si me rechazaba, al menos podría comer unos *dumplings* de cangrejo".[24]

Al principio, después de escuchar que su hija era gay, Ginger se quedó pasmada. "Oh, Dios, ¿ahora me odia?", pensó Fortune. Hubo un largo silencio antes de que la expresión rígida de Ginger diera paso a una gran sonrisa: "Vamos a Hooters", dijo.[25] Esa

---

[24] Fortune Feimster, *Sweet & Salty*, 2020, especial de Netflix, 1:01:00.

[25] "Kelly Clarkson llora de risa al escuchar la divertida historia de salida del armario de Fortune Feimster", *The Kelly Clarkson Show*, 3 de abril de 2020, video, 9:00, https://www.youtube.com/watch?v=Ub7_k-J-4FE&feature=youtu.be.

fue la forma en que le decía a su hija que la aceptaba y la amaba sin importar nada.

Reflexionando sobre ese momento en una entrevista de pódcast, Ginger dice: "Por supuesto, cuando tienes una hija imaginas verla en un vestido de novia blanco con sus damas de honor, casándose en una iglesia, y esa es una visión hermosa para una madre. Así que cuando Fortune resultó no ser heterosexual, supe que esa visión no iba a convertirse en realidad. Nada de eso fue decepcionante, solo diferente. Y no veo cómo podrías estar decepcionado con algo que tus hijos hacen... Pensé que todo estaría bien".[26]

Fortune se convirtió en una popular comediante con su propio especial en Netflix, *Sweet and Salty*. Sus actuaciones se centran en sus raíces sureñas y su sexualidad. En 2020, se casó con su esposa, Jacquelyn. Ginger se convirtió en una firme defensora de los derechos LGBTQ, mientras seguía siendo una cristiana devota y una dama sureña. En una situación donde muchos se aferran a un sentido rígido de sí mismos, dejando frecuentemente familias rotas a su paso, Ginger se volvió fluida. Integró las diferentes partes de su identidad (cristiana, debutante, sureña, madre de una hija públicamente gay, activista LGBTQ) bajo el estandarte de ser una madre amorosa. Cuando su vida se vio interrumpida y cambiada de maneras que nunca podría haber imaginado, Ginger se volvió más compleja. Como resultado, su vida es mucho más rica y significativa.[27]

---

[26] Fortune Feimster, "Los pensamientos de Ginger sobre el matrimonio de Fortune", 11 de noviembre de 2020, *Sincerely Fortune*, pódcast, episodio 91, 39:24, https://sincerelyfortune.libsyn.com/episode-91.

[27] Solo después de mucha deliberación decidí incluir esta historia. En muchas partes del mundo, tener un homosexual en la familia aún puede entrar en conflicto con ciertos valores. Ojalá en un futuro próximo ya no necesite incluir historias como esta porque no serán gran cosa. Quien es gay es gay; quien es hetero es hetero; y esto no afecta el *ser* de nadie más allá de su gusto por la persona con la que duerme, lo cual es precisamente de lo que Ginger se dio cuenta respecto a su hija.

El patinador Nils van der Poel se dio cuenta de que enfrentaría todo tipo de choques evolutivos en su propia vida, desde ganar o perder grandes competencias, sufrir lesiones, envejecer perdiendo su óptima condición física, hasta retirarse de las competencias a una edad en la que la mayoría de los profesionales aún tienen sus mejores años de carrera por delante. La sabiduría extraordinaria de Van der Poel no fue solo comprender esto, sino hacer algo al respecto. "Fue un desafío para mí descubrir que sin mi deporte no tenía muchos amigos", escribe. "Hoy estoy muy feliz por todos los amigos que he hecho en todos esos días de descanso... Ellos aportaron una nueva perspectiva a mi vida... Creo que el valor que creé fuera del deporte, y no el éxito dentro de él, hizo que valiera la pena vivir de esta manera... A largo plazo, el significado que generé más allá de mi deporte, me permitió disfrutar más del patinaje, porque enriqueció mi vida en lugar de limitarla".[28] Al ir más allá de los confines de la pista de patinaje de velocidad, Van der Poel diferenció su sentido de sí mismo. El hecho de encontrar la forma de tener una vida más allá del deporte propició una mejor experiencia en el deporte y viceversa.

Después de triunfar en los Juegos Olímpicos de Invierno de 2022 en Beijing, con dos medallas de oro en las dos carreras de larga distancia y un récord mundial, Van der Poel no sufrió ni de grandiosidad ni de depresión post-Juegos. En cambio, publicó su manifiesto de entrenamiento de 62 páginas y pasó tiempo con sus amigos. Pero aún hay más en su historia de complejidad. Al enterarse de los detalles sobre las restricciones del gobierno chino en materia de libertad de expresión, la represión de la disidencia y el trato a las minorías étnicas, decidió hacer un acto de protesta. En una pequeña ceremonia en Cambridge, Inglaterra, menos de una semana después de que concluyeran los Juegos, Van der Poel entregó su medalla de oro a Angela Gui, la hija de Gui Minhai, un editor sueco nacido en China que cumple

---

[28] Van der Poel, "Cómo patinar un 10K... y también medio 10K".

una condena de 10 años en ese país oriental por distribuir libros críticos hacia Beijing. "Solo espero que los derechos humanos sean el centro de la discusión", dijo Van der Poel sobre la decisión de ofrecer su medalla de oro a Angela. "Es surrealista regalar lo que has luchado por obtener toda tu vida, pero también le da mucho más valor a este viaje, que es mucho más que patinar en círculos".[29]

Es difícil imaginar un momento en el que la identidad de alguien esté en mayor riesgo de volverse estrecha y rígida que al establecer un récord mundial y ganar dos medallas de oro. El hecho de que Van der Poel haya desechado eso también es una metáfora perfecta de cómo ha concebido su sendero. En momentos en los que su identidad como patinador de clase mundial está en riesgo de volverse demasiado fija, él activa y diferencia su sentido de sí mismo. Su complejidad le ha ayudado a navegar los cambios significativos que ya ha enfrentado y, sin duda, lo fortalecerá para los que aún están por venir. Tal como Van der Poel citó a Carl Jung al principio de su manifiesto de entrenamiento: "Parece que todas las cosas verdaderas deben cambiar y solo aquello que cambia sigue siendo verdadero". Él parece estar tomando el consejo de Jung en serio; ahí hay sabiduría para todos nosotros.

Independencia versus interdependencia

A mediados del siglo XX, el psicólogo Kurt Lewin desarrolló lo que él llamó *la teoría de campos*. En resumen, la teoría de campos sostiene que todo comportamiento es la suma de una persona

---

[29] Chris Buckley, Tariq Panja y Andrew Das, "La estrella olímpica sueca regala su medalla de oro para protestar contra los abusos de Pekín", *The New York Times*, 25 de febrero de 2022, https://www.nytimes.com/2022/02/25/world/asia/nils-van-der-poel-olympic-protest.html.

y su entorno: las personas tienen pensamientos, sentimientos e impulsos dinámicos que emergen de la interacción entre sus cerebros, sus cuerpos y su entorno.[30] Los trabajos académicos sobre la teoría de campos son algunos de los más citados en toda la psicología. Es difícil expresar cuán profunda fue esta visión cuando Lewin la desarrolló por primera vez en una época en la que el individuo distinto y separado estaba en el centro de la psicología. Sin embargo, intuitivamente, la teoría de campos tiene sentido de manera inmediata. Eres una persona muy diferente cuando estás con tus amigos, en el trabajo, de vacaciones, en casa de tu suegra, escuchando música hermosa, atrapado en un aguacero, en una playa soleada, navegando en las redes sociales, y así sucesivamente. Pocas personas discutirían esto, pero cuando se trata de cómo concebimos nuestros diversos *yo*, casi nadie, al menos en Occidente, considera el papel de su entorno, mucho menos le da un peso significativo. Más bien, cuando se les pregunta cómo definen su *yo*, la gran mayoría de las personas responde de manera estrecha dentro de los límites de su propia piel. Cuando las personas preguntan qué número de eneagrama o tipo de personalidad Myers-Briggs eres, la respuesta más precisa es probablemente alguna versión de *depende*: de dónde estás, con quién estás, si tienes hambre, qué tan bien dormiste la noche anterior, si hiciste ejercicio esa mañana, y una variedad de otros factores.

El trabajo de Hazel Rose Markus y Alana Conner, ambas científicas del comportamiento en la Universidad de Stanford, explora las diferencias culturales en una variedad de temas. En el tema de la identidad, han encontrado que, en términos generales, las personas en Occidente favorecen una interpretación *in*dependiente del *yo*, mientras que las personas en Oriente favorecen una interpretación *inter*dependiente del *yo*. "Los *yo* independientes se

---

[30] Kurt Lewin, *Field Theory in Social Science: Selected Theoretical Papers*, Nueva York: Harper, 1951.

CULTIVAR NUESTRO SENTIDO FLUIDO 101

ven a sí mismos como individuales, únicos, influyendo en otros y en su entorno, libres de restricciones e iguales (¡aunque grandiosos!)", escriben Markus y Conner en su libro *Clash! How to Thrive in a Multicultural World*. "Los *yo* interdependientes, en contraste, se ven a sí mismos como relacionales, similares a los demás, ajustándose a sus situaciones y arraigados en tradiciones y obligaciones".[31]

En un estudio diseñado por Mutsumi Imai, de la Universidad de Keio, y Dedre Gentner, de la Universidad de Northwestern, los participantes entraron en un laboratorio y se les presentó un montón de arena formando la letra *S*. Luego, se les mostraron dos cosas más: un montón de arena sin forma específica y fragmentos de vidrio roto dispuestos para parecer una *S*. Se les preguntó cuál de las dos situaciones presentadas en segundo y tercer lugar se parecía más a la primera. Imai y Gentner han presentado este dilema a miles de personas de diferentes culturas. Han encontrado repetidamente que los participantes occidentales son mucho más propensos a elegir el vidrio, mientras que los participantes orientales son más propensos a elegir el montón de arena. Dicho de otra manera, los participantes occidentales ven inicialmente una *S* (un objeto) que casualmente está hecha de arena (el campo), mientras que los participantes orientales ven inicialmente arena (el campo) que casualmente forma una *S* (el objeto).[32]

Es importante señalar que ninguna de las dos visiones es inherentemente mejor o peor. "En muchos de nuestros estudios, encontramos que los *yo* independientes e interdependientes son igualmente reflexivos, emocionales y activos, pero a menudo tienen pensamientos, sentimientos y acciones sutilmente diferentes

---

[31] Hazel Rose Markus y Alana Conner, *Clash!: How to Thrive in a Multicultural World*, Nueva York: Plume, 2014, p. xii.

[32] Mutsumi Imai y Dedre Gentner, "Un estudio cruzado lingüístico del significado temprano de las palabras: ontología universal e influencia lingüística", *Cognition*, vol. 62, núm. 2, febrero, 1997, pp. 169-200, https://www.sciencedirect.com/science/article/abs/pii/S0010027796007846.

en respuesta a las mismas situaciones", escriben Markus y Conner en *Clash!*.[33] Lo que importa es que las distintas personas perciben exactamente las mismas situaciones de diferentes maneras, basadas en la lente a través de la cual están mirando.

Que existan diferencias culturales tan marcadas y predecibles sugiere que ambas lentes, independiente e interdependiente, son en gran medida, si no completamente, aprendidas. Nadie nace viendo el mundo de una manera específica. Adoptamos nuestra perspectiva con el tiempo. Con la conciencia de que existen múltiples lentes, podemos comenzar a ver el mundo de múltiples maneras. Podemos preguntarnos a través de qué lente estamos mirando y si esta es la mejor prescripción para una situación dada.

Otro ejemplo de pensamiento no dual es que la manera más fluida, y diría que la más ventajosa, de concebir el *yo* es que este puede ser tanto independiente como interdependiente. Aunque estos dos tipos a menudo se consideran exclusivos, son más poderosos estando juntos, como dos herramientas diferentes de un kit. En algunas circunstancias, puede ser útil encarnar un *yo* independiente que sea único, influyente y altamente autónomo, por ejemplo, si estás trabajando en un gran proyecto donde el entorno está bajo tu control. En otras, probablemente te beneficiaría más adoptar un *yo* interdependiente, que sea relacional y ajustable, como cuando trabajas con otros o en un entorno inestable con muchas fuerzas fuera de tu control.

La unidad de contenido y contexto, de individuo y entorno, es un tema central de exploración para el músico, productor y DJ Nicola Cruz, con sede en Quito. Aunque algunos han llamado *paso andino* a su sonido hipnotizante, su trabajo desafía los géneros

---

[33] Markus y Conner, *Clash!*, p. xiii.

CULTIVAR NUESTRO SENTIDO FLUIDO

y encarna el no dualismo. Surge de la confluencia de ritmos electrónicos modernos de *downtempo* y sonidos tradicionales y ancestrales. La música de Cruz ha cautivado a una audiencia internacional, presentando al mundo los ritmos y el folclore indígena de Ecuador. Cuando la reportera de NPR, Sophia Alvarez Boyd, le preguntó a Cruz qué lo inspiró a integrar la narrativa y la mitología sudamericanas en su música, respondió: "Eso se siente natural al vivir en un lugar como Ecuador. El folclore y las raíces están presentes en todas partes. Prendes la radio y escuchas música folclórica". Volvió a hablar de este sentimiento en otra entrevista, afirmando: "Ecuador es simplemente un país folclórico".

Más allá de influir en su proceso creativo, el contexto de Cruz *es* su proceso creativo. Él selecciona lugares de grabación con la intención de que estos modelen su trabajo. Desde un almacén en la ciudad de Nueva York, donde grabó "Colibria", hasta una cueva en el volcán Ilaló, donde grabó "Arka", los ambientes externos juegan un papel importante en la producción de su música. "Trabajar con diferentes entornos musicales es una de esas cosas que me inspira mucho", dijo Cruz en entrevista con *Rolling Stone*. "Obtenemos una reverberación interesante, sorpresas que se incorporan a las grabaciones. Eso es lo que busco en mi música". No se puede separar *dónde* está Cruz de *quién es* Cruz. Ha absorbido los ambientes de su ciudad natal, Quito, su país natal, Ecuador, y el continente sudamericano entero en su identidad como creador, y sus creaciones necesariamente emanan de ello. Cuando escuchas la música de Cruz, escuchas una verdad subyacente: ninguno de nosotros existe aislado del entorno que habitamos.

El mismo tema es cierto en el campo de juego. En un importante artículo sobre el desarrollo de talento en el deporte, los investigadores Duarte Araujo y Keith Davids argumentan que la adquisición de habilidad se describe mejor como "el refinamiento de los procesos de adaptación, alcanzado al percibir las propiedades clave del entorno en donde se lleva a cabo la acción en la escala del cuerpo y la capacidad de acción del individuo".[34] El entrenador de atletismo Stuart McMillan, que ha guiado a más de 35 atletas ganadores de medallas olímpicas y campeonatos mundiales, lo simplifica: "La habilidad no es algo que desarrollar o adquirir; más bien, es una interacción emergente con un entorno en constante cambio", dice. Los mejores atletas encuentran formas de trabajar en concierto con su entorno, adaptándose a sí mismos y a su desempeño. Ellos son tanto independientes como interdependientes.

Hemos examinado los beneficios de desarrollar un sentido fluido del *yo* en relación con un entorno cambiante, del cual estamos separados y al mismo tiempo formamos parte. Procederemos a profundizar en un tema importante e intelectualmente desafiante: cómo pensar en la identidad cuando todo está siempre cambiando, incluidos nosotros. Al final, enfrentaremos la pregunta de si existe o no un *yo* duradero.

Antes de comenzar, quiero proponer algunas pautas para nuestra exploración. Un *yo* que es completamente interdependiente y sin límites puede, en un entorno protegido y por un corto periodo, representar un despertar espiritual profundo o una iluminación. Pero fuera de ese entorno protegido y de duración limitada, la experiencia tiende a parecerse más al caos o a la psicosis. Mientras tanto, un *yo* que es completamente independiente (que piensa que es en gran medida inmutable, separado de todo lo que lo rodea y en control de todo) también puede ser beneficioso en condiciones muy específicas, como intentar nadar

---

[34] Duarte Araujo y Keith Davids, "¿Qué es exactamente lo que se adquiere durante la adquisición de habilidades?", *Journal of Consciousness Studies*, vol. 18, núm. 3-4, enero, 2011, pp. 7-23, https://www.researchgate.net/publication/233604872_what_exactly_is_acquired_during_skill_acquisition.

a través de una piscina lo más rápido posible. Pero más allá de eso, concebirse a uno mismo de esta manera es susceptible de terminar en una neurosis debilitante, ansiedad, soledad y, con el tiempo, depresión. Lo que vamos a explorar en las próximas secciones es el punto medio: cómo concebirse a uno mismo como algo que es a la vez singular y estable, por un lado, y permeable y cambiante, por otro. Como verás a continuación, hay inmensos beneficios al adoptar esta visión.

Una identidad fuerte y estable a través del cambio

Una mañana, mientras estaba en las etapas iniciales de la escritura de este libro, probaba mi fuerza en el gimnasio en los tres grandes ejercicios para los cuales entreno: sentadilla, *press* de banca y peso muerto. Había entrenado de manera seria durante los últimos 18 meses, y era mi primera oportunidad real para ir con todo e intentar establecer una nueva marca. A medida que me acercaba a la barra para mi primer levantamiento, me costó encontrar en mí un entusiasmo extra, uno al que en el pasado podía acceder con facilidad. Suena mal decirlo, pero si hacía el levantamiento o no, simplemente no importaba tanto como solía hacerlo.

Retrocedamos a séptimo grado, cuando deseaba desesperadamente jugar futbol americano, pero mis padres no me dejaban. Un día me atacaron al costado de la carretera dos abusivos de preparatoria. Fue aterrador. Después de ese evento, sufrí ansiedad y sentía miedo si salía solo en mi propio vecindario. Sin embargo, hubo un rayo de esperanza: mis padres decidieron permitirme jugar futbol americano, pensando que podría ayudar a fortalecer mi confianza.

Me entregué por completo a ese deporte. Era el primero en llegar y el último en irme del gimnasio. Me fortalecí con el entrenamiento y me sentí más seguro en mi cuerpo. Comencé a gustarle a las chicas y, aunque ahora me da vergüenza decirlo,

106 EL PODER DE ADAPTARSE

probablemente tenía más que ver con el tamaño de mis brazos que con cualquier otra cosa. Me convertí en capitán del equipo y tuvimos el mejor puntaje anual consecutivo (17-3) en las cuatro décadas anteriores de la historia de mi escuela. Me reclutaron para jugar en programas universitarios más pequeños y, aunque al final decidí asistir a la Universidad de Michigan (donde no tenía talento suficiente para destacar), el futbol americano y el entrenamiento de fuerza siguieron siendo una parte enorme de mi identidad durante mis años formativos. Se podría argumentar que *eran* mi identidad.

En Michigan no podía ir a los partidos. Me parecía inútil estar en las gradas en lugar de jugar en el campo, demasiado cerca de algo cuya pérdida aún lamentaba. Así que di un giro de 180 grados y me puse a entrenar deportes de resistencia, empezando con maratones y luego con triatlones. Aunque era diferente al futbol americano, mantuve intacta mi identidad principal como atleta. Al final de mi tercer año, la chica con la que salía desde primer año me dijo que aún tenía sentimientos por otro chico y me dejó. Aunque con el tiempo fue lo mejor, en ese momento fue profundamente doloroso. Me embarqué de lleno en el entrenamiento de triatlón, no tanto porque amara nadar, andar en bicicleta o correr, sino porque era un buen analgésico.

Una década después, volví al entrenamiento de fuerza cuando mi maravillosa esposa, Caitlin (gracias a Dios que la otra chica rompió conmigo), estaba embarazada de nuestro primer hijo. El entrenamiento para triatlones y maratones estaba consumiendo mucho de mi tiempo y energía, y me estaba lesionando con demasiada frecuencia. Quería una práctica física que se adaptara mejor a mi nueva vida como padre. Al principio, entrené sin mucha estructura. Solo se sentía bien estar de vuelta en el gimnasio. Sin embargo, unos años después (tras la crianza de un bebé y atravesar la pandemia, cuando no había mucho más que hacer) decidí centrarme en levantar pesas. Adapté un modesto gimnasio en nuestra cochera y entrené de cuatro a cinco días a la semana con sesiones de 60 a 90 minutos. Estaba lejos de ser un atleta de élite, pero estaba algo más avanzado que un principiante.

Volvamos a mi prueba de fuerza. Tengo una teoría sobre lo que sucedió. La persona que se acercó a la barra para hacer sentadillas en 2022 era muy diferente al niño de secundaria inseguro en el gimnasio o al adulto concentrado en los triatlones. Por primera vez en mi vida, mi rendimiento en el deporte no era fundamental para mi identidad. Soy un esposo. Soy un padre. Soy un escritor. Soy un entrenador. Soy un lector. Soy un amigo. Tengo una práctica espiritual. Me encantan los pastores alemanes. Y solo entonces, quizás empatado con, o incluso ligeramente por debajo de, "disfruto de largas caminatas al aire libre", está el entrenamiento de fuerza. La razón por la que no pude encontrar ese entusiasmo extra, la razón por la que sentí que si lograba o no el levantamiento ya no importaba tanto como antes, fue precisamente porque ya no importaba tanto como solía hacerlo.

En el pasado, una prueba de fuerza o de aptitud física se sentía como lo más importante. Dar mi máximo esfuerzo era una cuestión de autopreservación, algo no negociable. Aunque (en su mayoría) disfrutaba de los deportes, competía como si mi vida dependiera de ello. Utilizaba todos los recursos disponibles para proteger mi identidad, es decir, hacer el levantamiento o ganar la carrera. En la actualidad, no dependo del éxito deportivo para validar mi identidad. El hecho de que haga o no un levantamiento tiene mucho menos impacto en mi autoestima.

Aunque al principio me sentí confundido y frustrado (no me malinterpretes, aún me importa mi rendimiento, solo que de una manera diferente a como lo hacía antes), después de reflexionar, sentí curiosidad y emoción por mi nueva relación con el deporte. Pude experimentar de primera mano la transformación gradual de mi identidad. ¿Hay una manera de ser un atleta impulsado por el rendimiento en momentos específicos pero no en otros? ¿Puedo aprender a activar el interruptor a voluntad? Y, más allá de eso, ¿quién soy si no soy un atleta impulsado por el rendimiento? ¿Qué significa saber que probablemente pasaré por transformaciones similares con otras partes de mi identidad en el futuro?

Mi destreza atlética está muy lejos de la de alguien como Nils van der Poel, pero la tensión subyacente que enfrenté fue la misma. No me pasa solo a mí, y no es solo con los deportes. Cada vez que comparto esta historia con otras personas, están de acuerdo. Quizás sea alguien cuya identidad alguna vez se centró exclusivamente en hacer arte o en su trabajo como emprendedor o médico. O una persona que recientemente se separó o se divorció y está lidiando con su antigua identidad como esposo, esposa o pareja. Otras veces es un adulto mayor cuya identidad central solía ser "padre de niños pequeños", pero ahora sus hijos ya crecieron. En todos estos casos, somos los mismos que solíamos ser, pero también inequívocamente diferentes. Es un dilema complicado con el que lidiar y, sin embargo, es uno que casi todos enfrentamos, en diversas ocasiones, a lo largo de nuestras vidas. Afortunadamente, la ciencia moderna y la sabiduría antigua pueden ayudarnos a darle sentido a todo esto.

Desarrollando un ego robusto y flexible

Jane Loevinger fue una psicóloga estadounidense del siglo XX quien, junto con su colega Erik Erikson, fue pionera en el estudio del desarrollo del ego. El trabajo de Loevinger, quien falleció en 2008, es crucial para entender cómo se desarrolla un sentido de uno mismo fluido y una identidad robusta y flexible. Loevinger describió el ego como un proceso en evolución, no como una entidad estática. Dentro de ese proceso, identificó nueve etapas clave, que comienzan desde la infancia y maduran a lo largo de la adultez.

Al principio apenas hay ego del que hablar. Un infante es completamente dependiente de todos y todo lo que le rodea, especialmente de sus cuidadores y del entorno doméstico. A medida que el niño madura, empieza a desarrollar un sentido de sí mismo separado, un hito extremadamente importante que la mayoría de los niños alcanza alrededor de los 2 años. Gradualmente, ese sentido de sí mismo desarrolla confianza, una condición clave para ejercer la voluntad propia sobre el mundo (por ejemplo, alimentarse por sí solo y usar el baño sin la necesidad de pañales). Obtener un sentido de autonomía también ayuda a los niños a volverse más sociales y a desarrollar lo que los psicólogos llaman *teoría de la mente*, o darse cuenta de que el mundo entero no gira en torno a ellos, que otras personas también tienen deseos y necesidades. A partir de ahí, como jóvenes adultos continúan aprendiendo sobre reglas y normas sociales, así como formas de navegar y protegerse de las amenazas en su entorno. (Esto me describe en secundaria y preparatoria, volviéndome fuerte después de ser atacado al costado de la carretera.)

A medida que avanzamos por la adultez, nuestros egos se vuelven más refinados. Si tenemos suerte y alcanzamos las etapas posteriores del modelo de Loevinger, pasamos de desear validación externa a priorizar el significado interno y la realización personal. En la etapa final del modelo, que pocos alcanzan según la investigación de Loevinger, el ego desarrolla una profunda empatía, así como autoaceptación. Valora sus propias idiosincrasias, así como las de los demás, y comprende *tanto* su separación *como* su conexión con todo lo que lo rodea.[35] Algunos psicólogos del desarrollo han propuesto una etapa adicional, que llaman *unitiva*. Aquí, el ego acepta el hecho de que es tanto sólido como flexible y es capaz de integrar estos dos estados aparentemente contradictorios en un todo coherente.[36]

---

[35] Le Xuan Hy y Jane Loevinger, *Measuring Ego Development*, Nueva York: Psychology Press, 2014.

[36] Susanne R. Cook-Greuter, "Desarrollo del ego maduro: ¿una puerta de entrada a la trascendencia del ego?", *Journal of Adult Development*, vol. 7, núm. 4, octubre, 2000, pp. 227-240, https://link.springer.com/article/10.1023/A:1009511411421.

Como ocurre con todos los modelos, las etapas del desarrollo del ego de Loevinger han sido objeto de críticas en cuanto a su precisión y aplicabilidad. Dicho esto, ha soportado la prueba del tiempo. Loevinger fue meticulosa en su medición de cada etapa, utilizando un instrumento de encuesta validado que ha demostrado ser fiable en diferentes culturas, desde Australia hasta la India.[37]

Encuentro útiles las etapas del desarrollo del ego de Loevinger por dos razones principales. Primero, reconocen que nuestro sentido de uno mismo no es estático sino dinámico, o en palabras de la investigadora, que "el ego es un proceso en evolución". Segundo, cada etapa del desarrollo del ego funciona muy bien hasta que empieza a ser un obstáculo. El arco de su modelo podría resumirse de la siguiente manera: tu supervivencia depende de desarrollar un sentido de ti mismo distintivo y fuerte, pero a medida que envejeces y adquieres sabiduría, ese sentido distintivo y fuerte de ti mismo puede empezar a convertirse en una limitación, al menos en algunas situaciones. El mismo ego que nos ayuda a satisfacer nuestras necesidades básicas, a separarnos saludablemente de nuestros cuidadores y a protegernos de amenazas también puede causar sentimientos de aislamiento, ansiedad y angustia existencial. La habilidad esencial, entonces, es darnos cuenta de cuándo la manifestación actual de nuestro ego nos sirve y aprender a dejarlo atrás cuando no lo hace. Cuando estoy en un cruce de calles y el semáforo cambia de rojo a verde, es muy importante que me identifique con un ego separado y en control, para que pueda acelerar y seguir mi camino. Lo mismo

---

[37] Jane Loevinger, "Validez de constructo del test de completar frases para el desarrollo del ego", *Applied Psychological Measurement*, vol. 3, núm. 3, julio, 1979, pp. 281-311, https://conservancy.umn.edu/server/api/core/bitstreams/731b96af-b756-48d7-807b-7f045a8379e3/content; y Shash Ravinder, "El test de completar frases de Loevinger para el desarrollo del ego: una herramienta útil para investigadores interculturales", *International Journal of Psychology*, vol. 21, núm. 1-4, febrero-diciembre, 1986, pp. 679-684, https://www.tandfonline.com/doi/abs/10.1080/00207598608247614?journalCode=pijp20.

CULTIVAR NUESTRO SENTIDO FLUIDO

cuando intento hacer un levantamiento de pesas en el gimnasio. Sin embargo, cuando me convierta en un padre de nido vacío o esté enfermo o en mi lecho de muerte, preferiría identificarme con un ego vasto, interconectado, y no con uno controlador excesivo. Estos pueden ser ejemplos extremos, pero ilustran un punto crucial: incluso el ego en sí mismo puede ser un concepto fluido y flexible, si elegimos asumirlo así.

Yo convencional y yo último

Cuando el Buda histórico viajaba compartiendo sus enseñanzas por distintas regiones de Asia, se le acercó un vagabundo llamado Vacchagotta, quien le preguntó si existía un *yo* (una pregunta bastante profunda). Aquí transcribo la traducción del erudito Bhikkhu Bodhi de la escena, según se registra en el Canon Pali, uno de los textos budistas más antiguos que sobreviven:

> "Entonces, Venerable Gotama, ¿existe un *yo*?", pregunta Vacchagotta. Tras lo dicho, el Buda guardó silencio. "¿Entonces no existe el *yo*?", responde Vacchagotta. Por segunda vez, el Buda guardó silencio. Luego Vacchagotta, el vagabundo, se levantó de su asiento y se fue.
>
> Más tarde, Ananda, el leal asistente del Buda y su compañero de confianza, le pregunta sobre la situación:
>
> "Ay, Buda, esa parecía una pregunta muy importante que Vacchagotta el vagabundo te hizo. ¿Qué pasó? ¿Por qué no le respondiste?" [Esta traducción es mía.]

Dado que la respuesta del Buda es bastante importante, volvamos a Bhikkhu Bodhi para la traducción:

> "Si, Ananda, cuando el vagabundo Vacchagotta me preguntó: '¿Existe un *yo*?', yo hubiera respondido: 'Hay un *yo*', ¿habría sido esto consistente de mi parte con el surgimiento del conocimiento de que 'todos los fenómenos son un *no-yo*'?", dice el Buda.

"No, venerable señor", dice Ananda.

El Buda continúa: "Y si, cuando me preguntó: '¿No hay *yo*?', yo hubiera respondido: 'No hay *yo*', el vagabundo Vacchagotta, ya confundido, habría caído en una confusión aún mayor, pensando: 'Parece que el *yo* que anteriormente tenía ya no existe ahora'".

El silencio del Buda significa que no vio una respuesta útil a la pregunta.[38]

El encuentro del Buda con Vacchagotta y su posterior diálogo con Ananda se ha convertido en uno de los pasajes más discutidos en los textos budistas. Aunque varios académicos modernos y escuelas ofrecen perspectivas ligeramente diferentes, la más común, y la que yo argumentaría que es la más útil, es la siguiente: Existe un *yo convencional*, que es el *yo* que está leyendo o escuchando este libro en este momento, el *yo* que toma el control y atraviesa las intersecciones. El *yo* convencional es completamente real e importante. Sin él, no podríamos navegar en la vida cotidiana. Pero también hay un *yo último*, que es el *yo* que está conectado con todos y todo a su alrededor, incluyendo la comida que consume, sus experiencias previas, la genética de sus ancestros, el aire que respira, los hijos que cría, y así sucesivamente. El *yo* último es tan verdadero como el *yo* convencional. Ambos existen al mismo tiempo.[39] Es un argumento completamente racional y empírico. Solo hace que las personas se confundan porque estamos demasiado acostumbrados al pensamiento de este *o* aquel, cuando muchas verdades profundas requieren el pensamiento de este *y* aquel.

El *yo* iluminado y profundamente verdadero del Buda es notablemente similar a la etapa más alta de desarrollo del ego de

---

[38] "Ananda, ¿hay un *yo*?", en *Connected Discourses on the Undeclared*, 44.10, Samyutta Nikaya, Canon Pali.

[39] "*Ananda Sutta*: A Ananda (sobre el *yo*, la ausencia del *yo* y el *no-yo*)", 2004, https://www.accesstoinsight.org/tipitaka/sn/sn44/sn44.010.than.html.

Jane Loevinger: el ego que comprende su fluidez, que sabe cuándo dejarse atrás sin perder su sentido de sí mismo por completo.

Nos metemos en problemas no cuando tenemos una identidad fuerte, sino cuando esa identidad fuerte se vuelve demasiado rígida al estar atada a un solo propósito, persona o concepto, incluyendo la manera en que se ve a sí misma. Es ventajoso mantener nuestra identidad de dos maneras al mismo tiempo: con el *yo* convencional, que es distinto, estable y presente en este momento, y el *yo* último, que está en constante cambio, que trasciende cualquier empeño. Tener en mente el segundo yo nos libera para sobresalir más plenamente con el primero, ya que nos volvemos menos aprehensivos en relación con el fracaso y el cambio. Esto es precisamente lo que le ocurrió al patinador Nils van der Poel. A medida que desarrolló una identidad más fluida, disfrutó más compitiendo; recuerda, en sus propias palabras, que no tenía "nada que temer". La fluidez del sentido del *yo* de Ginger Feimster le permitió trascender lo que significaba ser una cristiana devota y una madre tradicional. Y yo estoy en el proceso de descubrir una nueva relación con el deporte orientado al rendimiento y, por lo tanto, una nueva relación conmigo mismo.

Contenemos multitudes

Terry Crews creció en Flint, Michigan. Durante su infancia, mostró una inclinación por el arte. A la edad de 8 años, sobresalía en la pintura y también tocando la flauta. Esto continuó hasta la secundaria, cuando recibió una beca para la prestigiosa escuela de arte Interlochen Center for the Arts en el noroeste de Michigan. Lo único que impedía a Crews asistir era que también era bastante bueno para el futbol americano. De hecho, eso es un eufemismo. Era genial. De modo que se quedó en su

114 EL PODER DE ADAPTARSE

preparatoria convencional y encontró el éxito en el campo de juego.

Crews terminó asistiendo a la Universidad de Western Michigan, donde recibió dos becas, una en arte y otra en atletismo. Tuvo una carrera universitaria estelar en el futbol americano y fue seleccionado por los Rams de Los Ángeles de la NFL en 1991. Cuando no estaba venciendo a los oponentes como *linebacker*, mantenía su sensibilidad artística haciendo bocetos de sus compañeros de equipo. En 1997, después de siete arduas temporadas, Crews se retiró del futbol americano. En ese momento, había estado jugando para los Eagles de Philadelphia, pero él y su esposa decidieron mudarse de nuevo a Los Ángeles, donde Crews esperaba seguir una carrera en la actuación. Desafortunadamente para él, los ejecutivos de entretenimiento no podían ver cómo su experiencia en el futbol podría ser una ventaja. Después de un año de rechazos, Crews aceptó trabajos barriendo el suelo de una fábrica y como personal de seguridad en discotecas.

Como sucede con tantos atletas, la transición de Crews fuera del deporte fue desafiante. Pasó de ser una estrella en el campo de futbol a ser una persona cualquiera. "Te das cuenta de que no eres quien piensas ser. Porque eres conocido como deportista, eres conocido como esto y eres conocido como aquello, y luego, de repente, tienes que reconstruir tu vida… Es muy extraño, es muy ajeno", explica.[40]

En 1999, a través de sus conexiones en la discoteca, se enteró de una audición para un nuevo programa, *Battle Dome*. El programa era algo así como de lucha libre, y su físico de atleta profesional lo volvía perfecto para el papel. Después de un largo y agotador proceso de audición, Crews lo consiguió. Tras *Battle Dome*, continuó audicionando, aceptando pequeños papeles en

---

[40] Nathaniel Lee, Jacqui Frank y Lamar Salter, "Terry Crews: así me ayudó y me lastimó mi carrera en la NFL", *Insider*, 22 de marzo de 2017, https://www.businessinsider.com/terry-crews-heres-how-my-nfl-career-2017-3.

películas y haciendo nuevas conexiones. Lenta pero sólidamente, su carrera en la actuación fue ganando terreno, y obtuvo papeles en películas y programas como *¿Y dónde están las rubias?*, *Golpe bajo: el juego final*, *Todo el mundo odia a Chris*, *La idiocracia*, *America's Got Talent* y *Brooklyn Nine-Nine*. Atribuye la persistencia que lo llevó a donde está hoy en Hollywood a la disciplina que aprendió como jugador de futbol americano.

"Es un poco raro porque pienso en mi carrera en el futbol, los altibajos, las dificultades, realmente me prepararon para soportar el rechazo en el mundo del entretenimiento; podía ir a una audición y darme cuenta de que la negativa no se trataba de mí", dice Crews.[41] "Tengo que decir que estar en la NFL durante siete años me preparó para Hollywood. Lo hizo. Tienes que aprender a recibir un golpe".[42]

En su libro *Amplitud*, el escritor de ciencia David Epstein plantea un caso convincente a favor de los beneficios de ser un generalista. Mientras que un especialista se enfoca muy estrechamente en un tema particular, un generalista busca una amplia variedad de experiencias diversas. Epstein cita cientos de estudios que señalan las ventajas de optar por ser un generalista, desde una mayor creatividad, una mejor salud y condición física, hasta habilidades mejoradas para resolver problemas. Ya sea que quieras ser científico, atleta, artista, escritor, emprendedor o empresario, la evidencia es clara: es útil ser un generalista o, al menos, ampliar

---

[41] Jason Guerrasio, "Cómo Terry Crews pasó de barrer pisos después de dejar la NFL a convertirse en un publicista trascendental y una gran estrella de TV", *Insider*, 18 de enero de 2018, https://www.businessinsider.com/terry-crews-sweeping-floors-to-huge-star-silence-breaker-2018-1.

[42] "Terry Crews desglosa su carrera, de *White Chicks* a *Brooklyn Nine-Nine*", *Vanity Fair*, 6 de febrero de 2020, video, 21:55, https://www.vanityfair.com/video/watch/careert-timeline-terry-crews-breaks-down-his-career-from-white-chicks-to-brooklyn-nine-nine.

tu experiencia antes de especializarte. Practicar múltiples deportes al crecer te hace más propenso a llegar a ser profesional como adulto. Probar diferentes estilos de arte aumenta la probabilidad de crear una obra maestra. Estudiar temas diversos te hace más propenso a proponer un avance científico o una nueva forma de resolver un problema empresarial o de gestión.

Amplitud es un libro maravilloso, uno de mis favoritos de la última década. Sospecho que parte de la razón por la que ha sido tan bien recibido es porque entendemos su mensaje intuitivamente, incluso si la sociedad moderna nos dice lo contrario. La especialización funciona bien a corto plazo, pero no es una estrategia buena ni saludable a largo plazo. Al igual que Terry Crews, es mejor concebirse a uno mismo de manera fluida y desarrollar una identidad con rango. Desde que se publicó *Amplitud* en 2019, estudios adicionales han demostrado que la excelencia en una búsqueda específica a menudo ocurre después de un periodo de muestreo en muchas otras.[43] En la jerga de los científicos del comportamiento, es beneficioso primero *explorar* muchos aspectos de tu identidad y habilidades antes de *explotar* uno en particular. Además, podemos repetir este ciclo a lo largo de nuestras vidas. Hay una razón por la que quizás el verso más conocido de la poesía estadounidense es el siguiente, de Walt Whitman:

> ¿Me contradigo a mí mismo?
> Muy bien, entonces me contradigo,
> (Soy grande, contengo multitudes.)

Además de los beneficios externos de ser un generalista, hay uno interno enorme. Te vuelves cada vez más robusto y flexible. Si puedes aprender a definirte de manera amplia, entonces el cambio

---

[43] Lu Liu *et al.*, "Entendiendo el despunte de rachas exitosas en las carreras artísticas, culturales y científicas", *Nature Communications*, vol. 12, 2021, p. 5392, https://www.nature.com/articles/s41467-021-25477-8.

CULTIVAR NUESTRO SENTIDO FLUIDO   **117**

(ya sea envejecimiento o jubilación, ganancia o pérdida, éxito o fracaso) se vuelve menos amenazante. Puedes recibir un golpe en alguna parte de tu identidad sin perder otras. En el próximo capítulo tomaremos este sentido fluido del *yo* (que es grande y contiene multitudes, independiente y dependiente, diferenciado e integrado) y aprenderemos sobre la importancia de desarrollar límites robustos y flexibles para guiar su sendero en evolución.

Cultiva un sentido fluido de ti mismo

- Al igual que el agua, un sentido fluido del *yo* puede penetrar y llenar cualquier espacio; pero también puede fluir fuera de ese espacio cuando sea necesario, transformando su forma sin cambiar su esencia.
- Un sentido fluido del *yo* es no dual:

  → diferenciado *e* integrado (no diferenciado *o* integrado)
  → independiente *e* interdependiente (no independiente *o* interdependiente)
  → autónomo *y* conectado (no autónomo *o* conectado)
  → convencional *y* novedoso (no convencional *o* novedoso)

- Cuanto más podamos conceptualizar nuestras identidades de una manera no dual, abrazando todas estas contradicciones a la vez, mejor estaremos y nos desempeñaremos.
- Al concebirnos de manera fluida, el cambio, ya sea interno o externo, se vuelve menos amenazante; nuestras identidades se vuelven más robustas y flexibles y, por lo tanto, mejor equipadas para soportar numerosos ciclos de orden, desorden y reordenamiento, y persistir a lo largo del tiempo.

CAPÍTULO 4

DESARROLLAR LÍMITES ROBUSTOS Y FLEXIBLES

Imagina un río. Es un fenómeno concreto y observable. Sin embargo, también está siempre fluyendo. Una parte esencial de un río es el lecho, que sirve como un contenedor para mantener el flujo y proporcionarle dirección. Sin lecho, no habría río. Solo tendrías agua al azar. Puede ser útil pensar en nuestras identidades de la misma manera. La corriente representa nuestra fluidez, que cambiamos constantemente, moviéndonos de un lado a otro. El lecho representa nuestros límites robustos y flexibles, que mantienen y organizan el flujo, creando un camino distintivo y observable. En el capítulo anterior, discutimos cómo cultivar un sentido fluido del *yo*. Al hacerlo, nos centramos principalmente en el flujo o la corriente. Ahora, examinaremos los lechos, aprendiendo cómo definir y aplicar los límites que mantienen nuestras identidades unidas y les dan forma con el tiempo.

Alguien que ilustra bien este concepto es Georgia Durante: modelo, conductora de autos para la mafia, doble para escenas de alto riesgo en el cine, empresaria y escritora. En sus años de adolescencia, a finales de la década de 1960, Durante apareció en anuncios para cámaras Kodak. También era una asidua del Sundowners, un club nocturno propiedad de la mafia en la ciudad de Nueva York que inyectó emoción e intensidad en su vida de chica común. Aun así, sus noches en el club tendían a ser intrascendentes. Todo cambió una noche fatídica, cuando le dispararon a un hombre frente a ella. "Estoy ahí y, a metro y medio de mí, un tipo saca un arma y le dispara al que estaba al lado de él. Todos se dispersaron, y el hombre cayó al suelo", recordó Durante en una entrevista con NPR.

En cuestión de segundos, el dueño del Sundowners le lanzó a Durante un juego de llaves y le dijo que trajera el auto. "Georgie Girl, ve por el coche", gritó. El dueño, su séquito y el hombre herido subieron al vehículo, y ella los llevó a toda velocidad al hospital, llegando en un tiempo récord. Después de dejar al herido, los miembros de la mafia seguían hablando de lo impresionados que estaban con la manera en la que había pilotado el auto. Tras algunos murmullos en voz baja, le ofrecieron la oportunidad de hacer "trabajos de conducción". Empezó con la recolección y entrega de paquetes, pero, a medida que la mafia conocía mejor sus extraordinarias habilidades al volante, comenzaron a darle trabajos más peligrosos. Durante se convirtió en la conductora de las fugas tras los robos y otros crímenes. La paga era buena y disfrutaba del estilo de vida a alta velocidad. Si Durante encarnaba alguna cualidad, era la intensidad.[1]

Algunos años después, estalló una guerra entre mafias y Durante supo que tendría que abandonar la ciudad. Para entonces, tenía una hija de 7 años y estaba casada con un mafioso que se estaba volviendo abusivo. La situación en Nueva York se volvió insostenible. Se mudaron a San Diego, California. Ahí, el abuso de su esposo se intensificó hasta que un día Durante reunió el coraje para irse. Con poco más de siete dólares en su cartera, ella y su hija condujeron hasta Los Ángeles. Vivieron en su coche, robando comida de las tiendas para sobrevivir. Con el tiempo, Durante y su hija se mudaron con un viejo amigo en Brentwood. Era imperativo que se mantuvieran ocultas para no ser descubiertas

---

[1] Danny Hajek, "Mafia Wife, Getaway Driver, Stuntwoman: From the Underworld to Hollywood", *All Things Considered*, NPR, 21 de septiembre de 2014, https://www.npr.org/2014/09/21/350120159.

DESARROLLAR LÍMITES ROBUSTOS Y FLEXIBLES

ni por la mafia ni por su esposo abusivo. Pero Durante también tenía que encontrar una forma de ganar dinero. Estaba en un apuro, y por primera vez era uno del que no podía salir pilotando un auto, o eso pensaba.

Una tarde, mientras veía la televisión en el sofá de su amigo, se dio cuenta de que había un montón de comerciales de autos que incluían curvas terribles y caminos sinuosos al lado de profundos acantilados. Mientras miraba estos comerciales, rara vez, si es que alguna, Durante alcanzaba a distinguir al conductor. Entonces, tuvo una idea. La combinación perfecta. Un trabajo anónimo en el que pudiera utilizar su intensidad y sus bien afinadas habilidades al volante. Confiando en su astucia, obtuvo información sobre dónde se realizaban las filmaciones y comenzó a presentarse en los lugares, rogando a los directores que le dieran una oportunidad para conducir. Al principio, todos respondían con un rotundo no, descartándola porque no creían que una mujer pudiera ser una buena conductora de escenas de alto riesgo. Sin embargo, ella persistió y un director finalmente le dio una oportunidad. Ella logró impresionarlo.

Durante se convirtió en una conductora de élite en Hollywood y comenzó a recibir más trabajos. No pasó mucho tiempo antes de que trabajara como doble de Cindy Crawford en los comerciales de Pepsi. La demanda de su experiencia escaló a tal punto que tuvo que rechazar trabajos. Finalmente, abrió su propia empresa, Performance Two, para proveer a los conductores de escenas de alto riesgo en las producciones de Hollywood y casi todos los comerciales de las principales marcas de automóviles. "La vida es lo que es", escribe Durante en sus memorias, *The Company She Keeps*. "Cómo lidiamos con ello es lo que importa".[2]

La robustez de Durante se halla en su intensidad y su habilidad al volante. Su flexibilidad radica en cómo aplicó esa

---

[2] Georgia Durante, *The Company She Keeps: The Dangerous Life of a Model Turned Mafia Wife*, Nueva York: Berkley, 2008, pp. 457-458.

intensidad y en la variedad de situaciones en las que condujo. Si te aferras rígidamente a quien crees que eres, esperando mantenerte igual y tratando de aislarte del cambio, corres el riesgo de desmoronarte. Pero si fluyes sin límites o dirección, puede ser muy confuso incluso saber quién eres. El resto de este capítulo trata sobre guiar la evolución de tu identidad o, al menos, establecer el curso general de tu sendero. Se trata de confrontar y adaptarse al cambio y al desorden sin ser transformado tanto por ellos que ya no te reconozcas.

Límites robustos

Por todas las cosas en la vida que no puedes controlar, al menos hay una que sí puedes: tus valores fundamentales, los cuales representan tus creencias fundamentales y principios rectores. Son los atributos y las cualidades que más te importan. Algunos ejemplos incluyen autenticidad, presencia, salud, comunidad, espiritualidad, relaciones, intelecto, creatividad, responsabilidad y confiabilidad.

En mi trabajo de *coaching*, hago que casi todos mis clientes identifiquen entre tres y cinco valores fundamentales. Durante periodos de estabilidad relativa, los valores fundamentales actúan como un tablero interno, una forma de materializar las características que te ayudan a sentirte y a desempeñarte de la mejor manera. Para cada valor fundamental, elaboramos un enunciado que lo personalice y lo concrete. Por ejemplo, alguien puede tener el valor fundamental de *presencia* y definirlo como *estar plenamente presente para las personas y las actividades que más me importan*. El siguiente paso es encontrar ejemplos específicos de cómo practicar cada valor fundamental en la vida diaria. Siguiendo con *presencia*, alguien podría decir: "Programar y completar al menos tres tandas de trabajo de concentración profunda en proyectos de alta prioridad, por semana, o pedirle a mi pareja que esconda mi teléfono todas las noches a las 7 p. m. y no me lo devuelva hasta

DESARROLLAR LÍMITES ROBUSTOS Y FLEXIBLES

las 7 a. m. del día siguiente para que pueda estar con mi familia, sin distracciones".

Los valores fundamentales también juegan un papel importante durante periodos de cambio, desorden e incertidumbre. Cuando sientes que el suelo se mueve bajo tus pies, cuando no sabes cuál será tu próximo movimiento, puedes preguntarte: "¿Cómo podría avanzar en la dirección de mis valores fundamentales?". O, si eso no es posible, podrías considerar: "¿Cómo podría protegerlos?". Por ejemplo, si tienes el valor fundamental de la *creatividad*, puedes cambiar de trabajo o incluso solo la manera en que lo haces, y así conservar este valor. He practicado la creatividad elaborando presentaciones en PowerPoint para una firma de consultoría, entrenando a médicos, grabando un pódcast, escribiendo libros como este y criando a un niño pequeño. En el caso de Georgia Durante, su valor fundamental de *intensidad* la acompañó todo el tiempo, incluso cuando su vida cambió drásticamente.

La portabilidad de los valores fundamentales hace que puedas practicarlos en casi todas las circunstancias. Así, se convierten en una fuente de estabilidad a lo largo del cambio, forjando los límites robustos en los cuales el sentido fluido de ti mismo puede desarrollarse y evolucionar. Nada puede quitarte tus valores. Te proporcionan un timón para orientarte en lo desconocido, guiando cómo te diferencias e integras a lo largo del tiempo. Sí, los valores fundamentales pueden cambiar, y a veces lo hacen; pero incluso entonces es la priorización y la acción sobre tus valores fundamentales anteriores lo que te lleva a los nuevos. Fortalecido por tus valores fundamentales, el cambio, el desorden y la incertidumbre se vuelven un poco menos amenazantes e intimidantes.

Considera un estudio reciente, publicado en los *Proceedings of the National Academy of Sciences*, en el que Emily Falk, psicóloga de la Universidad de Pensilvania, y sus colegas utilizaron la tecnología de la imagen por resonancia magnética funcional (fMRI) para examinar qué sucede dentro del cerebro de las personas cuando se les presentan cambios que comúnmente sienten como amenazantes. Por ejemplo, decirle a alguien que fuma o abusa del alcohol que tendrá que dejarlo a partir de mañana. O decirle a alguien que nunca ha hecho ejercicio antes que más tarde ese día comenzará un plan de entrenamiento. Las personas que fueron instruidas a reflexionar profundamente sobre sus valores fundamentales antes de enfrentar estos escenarios mostraron una mayor actividad neuronal en una parte del cerebro asociada con la *valoración positiva* o con asumir las amenazas como desafíos manejables (el córtex prefrontal ventromedial o VMPFC, por sus siglas en inglés). En lugar de cerrarse o resistirse a un cambio potencialmente difícil, sus cerebros se movían hacia la interacción con él. Aquellos que no fueron instruidos a reflexionar sobre sus valores fundamentales no mostraron una mayor actividad neuronal en su VMPFC. Estos efectos no se limitaron solo al laboratorio. Las personas que reflexionaron sobre sus valores fundamentales lograron superar cambios significativos en el mundo real a una tasa mucho mayor que el grupo de control (relacionado en este estudio con comportamientos de salud, como los ejemplos mencionados).[3]

Pasemos de la biología a la psicología. En el núcleo de la ansiedad generalmente se encuentra una preocupación abrumadora por el cambio y la incertidumbre. No es sorprendente, entonces, que los valores fundamentales tengan un papel destacado en un tratamiento para los trastornos de ansiedad: la terapia de aceptación y compromiso (TAC). Cuando hablé con Steven Hayes, el profesor de psicología clínica de la Universidad de Nevada que

---

[3] Emily B. Falk *et al.*, "La autoafirmación alterará la respuesta del cerebro a los mensajes de salud y el cambio de comportamiento posterior", *Proceedings of the National Academy of Sciences*, vol. 112, núm. 7, febrero, 2015, pp. 1977-1982, https://www.pnas.org/doi/10.1073/pnas.1500247112.

desarrolló la TAC, me explicó que el principal efecto de los valores fundamentales radica en la fuerza y la robustez que proporcionan. Todo a tu alrededor (y, en el caso de la ansiedad, todo dentro de ti también) puede sentirse fuera de control; aun así, puedes seguir adelante y actuar en alineación con tus valores.

La ansiedad quiere que evites el cambio y la incertidumbre, y por lo tanto casi siempre tiene un efecto limitante en la vida de las personas. Pero si puedes conocer y confiar en tus valores fundamentales, y en las partes más profundas de ti mismo, entonces puedes avanzar con valentía hacia lo desconocido. Independientemente de lo que enfrentes o de lo que sientas, puedes confiar en tus valores fundamentales para recibir apoyo y guiar tus próximos pasos. Hayes y sus colegas han demostrado el impacto positivo de los valores fundamentales en cientos de estudios.[4] Sus hallazgos psicológicos sobre el poder de los valores fundamentales se alinean casi perfectamente con los biológicos de Falk. Su fascinante estudio de fMRI nos permite mirar detrás del cortinaje. Incluso en medio del miedo, el caos y la amenaza, nuestros valores fundamentales nos ofrecen robustez, fuerza y estabilidad.

Este tema es particularmente importante, así que vale la pena hacer un breve resumen: los valores fundamentales son tus principios rectores. Es bueno tener de tres a cinco (una lista extendida de ejemplos de valores fundamentales se puede consultar en el apéndice de la página 233). Define cada uno de tus valores fundamentales en términos específicos y encuentra formas en las que puedas practicarlos en la vida cotidiana. El objetivo es tomar lo

---

[4] Steven C. Hayes *et al.*, "La terapia de aceptación y compromiso y la ciencia del comportamiento contextual: Examinando el progreso de un modelo distintivo de terapia conductual y cognitiva", *Behavior Therapy*, vol. 44, núm. 2, junio, 2013, pp. 180-198, https://www.ncbi.nlm.nih.gov/pmc/articles/PMC3635495.

que pueden parecer cualidades y atributos elevados, y hacerlos lo más tangibles posible. Cuando te enfrentes al cambio y al desorden, usa tus valores fundamentales para navegar hacia lo desconocido. Pregúntate cómo te moverías en la dirección de tus valores fundamentales y de qué nuevas maneras podrías practicarlos. Si una fuerza externa te exige que abandones tus valores fundamentales, alegando que no hay una forma constructiva en la que puedas aplicarlos en esa nueva realidad, esta es una buena señal para que consideres luchar contra dicha fuerza externa. Aunque no es necesario, es normal que tus valores fundamentales cambien con el tiempo. Navegar por el mundo usando tus valores fundamentales actuales es lo que te guiará hacia los nuevos.

Tus valores fundamentales mantienen unidos a tus *yo* diferenciados *e* integrados, independientes *e* interdependientes, convencionales *y* novedosos, creando un todo cohesionado, complejo y duradero. Ellos te ayudan a tomar decisiones difíciles y funcionan como los límites dentro de los cuales evolucionas y creces a lo largo del tiempo, que es el tema al que nos dirigiremos a continuación.

Aplicación flexible

En sus décadas de teorización e investigación sobre la alostasis, Peter Sterling observó consistentemente el mismo patrón: los organismos que permanecen saludables y resilientes durante largos periodos de tiempo son aquellos que son capaces de adaptarse a sus entornos cambiantes. Pero no lo hacen al azar. Más bien, su adaptación está guiada por sus características y necesidades centrales. En términos biológicos puros, esto significa que la mayoría de los organismos se adapta aprovechando sus fortalezas para mejorar sus posibilidades de comer, beber y reproducirse.

Dado que el alcance de este libro se extiende más allá de la biología básica y la supervivencia, podemos tomar los hallazgos de Sterling y aplicarlos de manera más amplia. Nuestra salud, longevidad y excelencia (nuestra capacidad para manifestar plenamente nuestros dones, para sentirnos bien y hacer el bien) dependen de nuestra capacidad para adaptarnos de maneras que protejan, e idealmente promuevan, nuestras *características centrales*, o en los términos de este libro, nuestros valores fundamentales. Sin embargo, esto no significa que siempre los practiquemos de las mismas maneras. Aquí, la flexibilidad es esencial.

Roger Federer es uno de los mejores jugadores de tenis masculino de todos los tiempos. Su carrera es excepcional por muchas razones (ha ganado 103 títulos de *singles*, incluyendo 20 campeonatos importantes), pero probablemente lo más destacado es la duración de su carrera. Mientras que muchos tenistas alcanzan su mejor momento en sus veintes, Federer continuó siendo una fuerza dominante bien entrada su treintena. Sin embargo, su trayectoria no fue una subida continua. Entre 2013 y 2016, Federer, entonces al principio de los 30, sufrió una serie de lesiones en la espalda. No ganó ningún campeonato importante durante ese periodo y se vio obligado a retirarse de torneos que en el pasado habría ganado fácilmente. Muchos creían que la edad lo estaba alcanzando.

Pero ocurrió algo notable. En 2017, el año en que cumplió 36 años, Federer tuvo una temporada increíble, una de las mejores de toda su carrera. Ganó 54 partidos y perdió solo cinco, el mejor porcentaje de victorias que había tenido desde 2006, cuando tenía 25 años. Ganó dos campeonatos importantes y fue clasificado número dos en el mundo. Este regreso y la notable longevidad de Federer se deben a dos factores principales: primero, su amor inquebrantable por el tenis y su dedicación a la competencia y la excelencia; segundo, su capacidad para adaptarse con el tiempo. La mayoría de las personas llegan a un punto en sus carreras en el que se vuelven resistentes al cambio. Están felices de seguir haciendo las cosas como siempre lo han hecho. Federer no es como la mayoría de las personas.

128   EL PODER DE ADAPTARSE

Cuando atravesó su Bach[5] entre 2013 y 2016, Federer hizo una serie de cambios significativos. Entrenó y compitió menos para poder enfocarse más en el descanso y la recuperación entre eventos importantes. Jugó más cerca de la red, lo que acortó la duración de los partidos, y así no tenía que correr hasta la línea de fondo durante horas contra competidores mucho más jóvenes. Aprendió un revés a una mano con un gran efecto de *topspin* que conservaba la energía y daba todo tipo de problemas a su rival Rafael Nadal. Se abrió a las nuevas tecnologías: dejó atrás la raqueta con la que había jugado durante la mayor parte de su carrera (la que lo había convertido en quizás el mejor tenista de todos los tiempos) y adoptó una nueva raqueta de diseño con tecnología mejorada, que todos los jugadores más jóvenes ya estaban usando.

Federer mantuvo sus valores fundamentales de competencia y excelencia, así como su amor por el tenis. Pero, al enfrentarse a la inevitabilidad del envejecimiento, fue flexible en cómo los practicaba. "Puedes ser terco y exitoso o puedes ceder un poco y cambiar las cosas. Para mí, es importante tener un poco de ambos", dice Federer. "La lesión en la espalda en 2013 me dio la oportunidad de ver el panorama en una escala más amplia, en lugar de solo pensar que necesito arreglar mi espalda para estar bien de nuevo y volver al *statu quo*… Todo sigue evolucionando y cambiando. Siempre he sido bastante abierto al respecto".[6]

Como resultado, Federer ha tenido una de las carreras más largas y exitosas como tenista masculino en tiempos modernos. También se ha convertido en un modelo a seguir para la generación de estrellas más jóvenes, un papel que, sin duda, le proporcionará

---

[5] El compositor alemán Johannes Sebastian Bach (1685-1750) es conocido por sobreponerse a múltiples desgracias a lo largo de su vida y componer un legado musical asombroso que continúa deleitándonos en la actualidad. [*N. de la E.*]

[6] Luigi Gatto, "Roger Federer: 'Necesitas ser terco, creer en el trabajo duro'", *Tennis World*, 30 de agosto de 2018, https://www.tennisworldusa.org/tennis/news/Roger_Federer/59546/roger-federer-you-need-to-be-stubborn-believe-in-hard-work.

nuevas oportunidades para practicar sus valores fundamentales durante su retiro, el cual anunció a finales de 2022, a los 41 años.

A principios de la década de 1960, los astrónomos estadounidenses Arno Penzias y Robert Wilson tuvieron la oportunidad de usar una gigantesca antena que había sido construida por Bell Labs en Holmdel, Nueva Jersey. Originalmente utilizada para transmitir información a largas distancias en la Tierra, la antena quedó obsoleta en 1962, debido a los avances tecnológicos, por lo que el aparato quedó libre para que Wilson y Penzias lo usaran en su investigación, centrada en estudiar las ondas de radio de la Vía Láctea. El dúo estaba entusiasmado con sumar este nuevo instrumento a su arsenal.

Poco después de comenzar a trabajar con la antena, una molestia interrumpió su entusiasmo. No importaba hacia dónde la dirigieran, la antena transmitía un constante ruido de fondo de bajo nivel que los distraía de las señales que buscaban. Tras probar una variedad de hipótesis sobre las posibles fuentes del ruido (que incluían la antena misma, el ruido de la cercana ciudad de Nueva York, la actividad nuclear humana, la interferencia del movimiento planetario e incluso las palomas), los dos se enfrentaron a una realidad que no podían ignorar, al menos si iban a mantenerse fieles al método científico que tanto valoraban. El ruido de bajo nivel que estaban captando no era un error, sino una característica. Era una parte importante del universo que requería una investigación en sí misma.

Aunque otros investigadores se habían topado con el ubicuo zumbido antes, esta fue la primera vez que la comunidad científica lo tomaría en serio. En el pasado, muchos científicos habían desestimado el fenómeno porque atenderlo los inmiscuía con el estudio del origen y desarrollo del universo, y la cosmología no era un campo bien visto entonces. En su libro *Los tres primeros minutos*, el físico teórico Steven Weinberg explica que "en la década de 1950, el estudio del universo primitivo era ampliamente considerado como algo a lo que un científico respetable no dedicaría tiempo".[7] Pero Penzias y Wilson eran científicos respetables, y su enfoque meticuloso los llevó a creer que este misterioso zumbido debía tomarse en serio.

A pesar de que el ruido no caía dentro del alcance de sus investigaciones originales, y correspondía a un campo que estaban predispuestos a ignorar, el dúo presentó sus hallazgos a los físicos de la Universidad de Princeton. Uno de esos físicos, Robert Dicke, trabajaba en probar la controversial teoría del Big Bang. Según Dicke, el efecto postimpacto (*aftershock*) del nacimiento explosivo del universo habría sido perceptible como una radiación de microondas de fondo. Esto describía precisamente el fenómeno con el que Wilson y Penzias habían tropezado.

Inicialmente, a Wilson no le entusiasmaba la idea de que algo que había ayudado a descubrir pudiera usarse para validar la teoría del Big Bang.[8] Después de todo, él apoyaba la teoría del estado estacionario, que sostenía que el universo no tiene ni principio ni fin.[9] Pero al combinarse con hallazgos científicos anteriores, Wilson no tuvo más remedio que enfrentar la realidad, o más precisamente, el zumbido de fondo de bajo nivel: lo que había observado con su gigantesca antena no validaba sus creencias previas ni le ayudaba a encontrar las señales de radio de la Vía Láctea que estaba buscando. Sin embargo, lo que sí hizo fue demostrar que una gran parte de su visión del mundo estaba equivocada.

Lo que Penzias y Wilson experimentaron al principio como una molestia resultó ser lo que los científicos ahora llaman el *fondo cósmico de microondas* (CMB por sus siglas en inglés). El CMB no solo ha elevado la teoría del Big Bang a su posición actual como la explicación

---

[7] Steven Weinberg, *The First Three Minutes: A Modern View of the Origin of the Universe*, Nueva York: Basic Books, 1993, p. 4.

[8] "Penzias y Wilson descubren la radiación cosmológica de microondas", *A Science Odyssey: People and Discoveries*, PBS, 1965, https://www.pbs.org/wgbh/aso/databank/entries/dp65co.html.

[9] "Descubriendo el fondo cósmico de microondas con Robert Wilson", CfAPress, 28 de febrero de 2014, video, 21:55, https://youtu.be/ATaCs6Anx0c.

dominante del origen del universo, sino que también ha proporcionado toda una serie de otras percepciones sobre la historia de nuestro universo. Hoy en día, los astrónomos usan el CMB para determinar el contenido total del universo, entender los orígenes de las galaxias y estudiar los primeros momentos después del Big Bang.[10]

Wilson y Penzias podrían haberse aferrado a sus presuposiciones y predisposiciones iniciales. Podrían haber decidido ignorar el ruido, desestimándolo como una molestia misteriosa. También podrían haberse negado a llevar sus hallazgos a un investigador cuya visión cosmológica desafiaba la suya. Si lo hubieran hecho, quizás aún estaríamos sordos al murmullo instructivo de nuestro universo. Pero los dos investigadores se adhirieron a su valor fundamental compartido, el método científico, eligiendo adaptar su exploración y, con el tiempo, sus conclusiones en alineación con la evidencia empírica. La flexibilidad robusta del dúo fue recompensada: en 1978, Penzias y Wilson ganaron el Premio Nobel de Física por su descubrimiento.[11]

Las historias de Georgia Durante, Roger Federer, Arno Penzias y Robert Wilson demuestran el poder de aplicar los valores fundamentales con flexibilidad.

La solidez sin flexibilidad es rigidez; la flexibilidad sin solidez es inestabilidad. Pero al combinar ambos, se obtiene la fuerza flexible necesaria para persistir y prosperar a lo largo del tiempo, un tema que es cierto no solo para los individuos, sino también para las organizaciones.

---

[10] "Fondo cósmico de microondas", Centro de Astrofísica, Universidad de Harvard e Instituto Smithsoniano, consultado el 12 de octubre de 2022, https://pweb.cfa.harvard.edu/research/topic/cosmic-microwave-background.

[11] "Premio Nobel de Física 1978", Organización del Premio Nobel, https://www.nobelprize.org/prizes/physics/1978/summary.

Ecología de poblaciones

A finales de la década de 1970, los psicólogos organizacionales Michael Hannan y John Freeman, entonces en la Universidad de Stanford y la Universidad de California, Berkeley, desarrollaron una teoría llamada *ecología de poblaciones*. La ecología de poblaciones examina industrias específicas y estudia los nacimientos y las muertes de las organizaciones a lo largo de extensos periodos. Encontraron repetidamente que, cuando el entorno operativo de un campo específico cambia, ciertas organizaciones son seleccionadas y reemplazadas, ya sea por sus competidores de ese momento o por nuevos que se adaptan mejor a las demandas externas.

Al día de hoy, la ecología de poblaciones sigue siendo una piedra angular de los estudios organizacionales. Es una teoría compleja e intrincada; se podría obtener un doctorado completo estudiándola. Pero si tuviera que resumir sus tres principios más importantes, estos serían algo así: primero, cuanto más rígida es la estructura de una organización, más probable es que esta sea descartada por un proceso de selección durante los periodos de desorden. Segundo, la fortaleza de una organización a corto plazo fácilmente se convierte en debilidad a largo plazo; si una organización está demasiado calcificada en torno a ciertos atributos u objetivos, cuando el entorno cambia, esos mismos atributos u objetivos a menudo se interponen en el camino. Tercero, cuanto mayor es el cambio externo, es más probable que todas las organizaciones arraigadas en una industria se extingan o cambien tanto que sean casi irreconocibles.[12]

En otras palabras, las organizaciones son como los individuos: luchan por mantener sus identidades durante periodos de cambio y desorden. Algunas no cambian lo suficiente. Otras cambian

---

[12] Michael T. Hannan y John Freeman, "La ecología de poblaciones en las organizaciones", *American Journal of Sociology*, vol. 82, núm. 5, marzo, 1977, pp. 929-964, https://www.jstor.org/stable/2777807.

tanto que pierden completamente de vista lo que son. Solo las organizaciones que cultivan deliberadamente sus límites sólidos y luego los aplican con flexibilidad tienen una oportunidad de prosperar a lo largo del tiempo.

Cuando Hannan y Freeman desarrollaron la ecología de poblaciones en los setenta, el cambio industrial a gran escala era todavía relativamente lento, como placas tectónicas moviéndose gradualmente. Sin embargo, desde la proliferación del internet a mediados de la década de 1990, el ritmo del cambio en la mayoría de las industrias se ha intensificado exponencialmente. Casi toda la economía mundial se ha vuelto dependiente de las computadoras. La Ley de Moore implica que la potencia de cálculo se duplica aproximadamente cada dos años. La consecuencia ha sido un cambio intensificado, ciclos más frecuentes y comprimidos de orden, desorden y reordenamiento. Navegar hábilmente estos ciclos es crucial para la longevidad de una organización, y las consecuencias de equivocarse son significativas. Es por eso que Blockbuster aún aparece en presentaciones de PowerPoint en salas de juntas de todo el mundo, representando una historia de horror que cada empresa ahora intenta evitar.

Quizás ninguna industria haya sido más afectada por la rapidez del cambio tecnológico como la publicación de periódicos. Antes, la única opción para un lector era un periódico impreso y la única opción para un anunciante era una publicidad impresa. Como resultado, a mediados de la década de 1990 había un puñado de periódicos nacionales y regionales prósperos, así como innumerables locales. Eso, obviamente, ya no es así. Hoy en día, los periódicos compiten con sitios web, pódcasts, redes sociales, videos y otros múltiples medios digitales, para atraer anunciantes y lectores, ahora llamados *usuarios finales* u *ojos*. Según el Pew Research Center, la circulación de periódicos ha disminuido en un 60% desde 1995, pasando de alrededor de 62 millones de

134　　EL PODER DE ADAPTARSE

copias diarias en ese momento a 25 millones hoy. A pesar de algunos avances en la lectura digital, los ingresos generales de los periódicos han disminuido aproximadamente un 66% desde el 2000. Y desde 2004, el empleo en el sector de los periódicos ha disminuido en más del 50%. Mientras que la gran mayoría de los periódicos ha luchado simplemente por sobrevivir, al menos uno ha prosperado.[13]

Los periódicos pueden ser polémicos. Deja a un lado esta cuestión por un momento mientras exploramos un breve estudio de caso. Porque, independientemente de tus gustos literarios, políticos o culturales, es incontestable que, *como negocio*, *The New York Times* ha tenido un desempeño excepcional durante un periodo de gran desorden y disrupción en su industria. En el 2000, tenía alrededor de 1.2 millones de suscriptores; en ese momento se distribuía predominantemente en formato impreso.[14] Para 2022, *The New York Times* tenía más de 10 millones de suscriptores, de los cuales la gran mayoría accedía al periódico de manera digital.[15] Pero decir que accedían al "periódico" es un término incorrecto. *The New York Times* también atrae a millones de personas a sus populares pódcasts, crucigramas y aplicaciones de cocina. Aunque no ha sido inmune a la disminución de los ingresos publicitarios, la empresa ha permanecido altamente rentable. En 2021, reportó una ganancia neta de 220 millones de dólares y, al final de ese año, el precio de las acciones de la compañía alcanzó

---

[13] "Hoja de datos sobre periódicos", Pew Research Center, 29 de junio de 2021, https://www.pewresearch.org/journalism/fact-sheet/newspapers.

[14] "Promedio de circulación semanal de *The New York Times* de 2000 a 2021 (en 1 000 copias)", Statista, 21 de junio de 2022, https://www.statista.com/statistics/273503/average-paid-weekday-circulation-of-the-new-york-times.

[15] Alexandra Bruell, "El *New York Times* supera los 10 millones de suscriptores a medida que las ganancias aumentan", *The Wall Street Journal*, 2 de febrero de 2022, https://www.wsj.com/articles/new-york-times-tops-10-million-subscriptions-as-profit-soars-11643816086.

DESARROLLAR LÍMITES ROBUSTOS Y FLEXIBLES 135

su nivel más alto, registrado a más de 54 dólares por acción, un aumento de más del 20% desde el 2000.[16]

El notable desempeño de *The New York Times* frente a todas las adversidades se debe a la aplicación flexible de los valores fundamentales de la organización. Según el sitio web de la empresa, sus valores incluyen independencia, integridad, curiosidad, búsqueda de diferentes perspectivas y excelencia. Los valores no cambiaron cuando la organización transitó del siglo XX al XXI. Lo que sí cambió fue la forma en que intenta ejecutarlos (específicamente, dónde y cómo llega a su audiencia). Esto ha requerido una combinación igual de robustez y flexibilidad, y, como verás, sigue siendo un desafío continuo.

Desde 1994, el editor en jefe de *The New York Times*, Arthur Ochs Sulzberger Jr., comentó: "Si quieren [nuestro contenido] en CD-ROM, intentaré satisfacer esa necesidad. ¿Internet? Me parece bien… ¡Vaya!, si alguien fuera tan amable como para inventar la tecnología adecuada, yo estaría encantado de transmitir el periódico directo al córtex cerebral".[17] Los teléfonos inteligentes no son canales intercorticales, pero están bastante cerca. Para 2010, la empresa ya había convertido la lectura digital en una prioridad, muy por delante de sus competidores. También fue pionera en la industria al generar la posibilidad de pago directo en su sitio web en 2011. Esto fue seguido por una proliferación de paquetes y productos de suscripción, incluidos tres niveles de suscripciones de noticias, así como opciones para quienes solo estaban interesados en crucigramas o contenido de cocina. El modelo de suscripción variado ayudó a *The New York Times* a volverse menos dependiente de los ingresos publicitarios. También

---

[16] "El informe anual 2021 de The New York Times Company", 11 de marzo de 2022, https://nytco-assets.nytimes.com/2022/03/The-New-York-Times-Company-2021-Annual-Report.pdf.

[17] Gabriel Snyder, "*The New York Times* se abre camino hacia el futuro", *Wired*, 12 de febrero de 2017, https://www.wired.com/2017/02/new-york-times-digital-journalism.

le permitió pagar a reporteros, escritores, editores y productores. A medida que los ingresos publicitarios continuaron decayendo, no solo en los medios impresos tradicionales sino también en internet, se centró en desarrollar pódcasts, con programas como *The Daily* y *The Ezra Klein Show*. La red de pódcasts proporcionó otro canal para conectar con los lectores y representó una alternativa en la que el gasto en publicidad aún era relativamente fuerte.

El mayor desafío de *The New York Times* hasta la fecha ha sido integrar esta rápida diferenciación, lo que requiere más que un simple ejercicio de marca. El editor ejecutivo, Dean Baquet, comenta: "Siempre trato de cuestionar la diferencia entre lo que es tradición y núcleo, y lo que es meramente hábito. Muchas cosas que pensamos que son núcleo son en realidad hábitos. Creo que esa es la parte más importante de liderar un lugar que está pasando por un cambio dramático e incluso generacional. Esto es lo que no va a cambiar (esto es núcleo, esto es lo que somos) y todo lo demás puede tener juego".[18]

En lugar de intentar aislarse del cambio, como hicieron muchos otros periódicos, *The New York Times* se involucró en el cambio. Ha logrado adaptarse con éxito hasta la fecha, pero el futuro sigue siendo incierto, por supuesto. Si resistirá o no a la próxima serie de choques externos aún está por verse. Su mayor desafío, y el de todas las organizaciones de noticias, será distinguir entre lo que son noticias y lo que constituye entretenimiento (como predijo el fallecido teórico de los medios Neil Postman en 1985, estamos cada vez más "entreteniéndonos hasta la muerte"); encontrar el equilibrio entre reportajes profundos, ensayos reflexivos y contenido más superficial pero altamente clickeado; y, por supuesto, decidir cómo definir la *verdad* y mantener su valor

---

[18] Dean Baquet, "#398: Dean Baquet", junio de 2020, *Longform*, pódcast, episodio 398, 1:34:31, https://longform.org/posts/longform-podcast-398-dean-baquet.

Guiando tu propia evolución

Central al argumento de Thomas S. Kuhn, el filósofo cuyo trabajo discutimos brevemente en el capítulo 1, es que el progreso científico sigue un ciclo predecible de orden, desorden y reordenamiento. La obra maestra de Kuhn, *La estructura de las revoluciones científicas*, contiene unas cuantas frases que considero de gran importancia. Hacia el final del libro, Kuhn explica cómo las crisis científicas a la larga transitan a paradigmas nuevos y estables. "En esas situaciones donde los valores deben ser aplicados, diferentes valores, tomados por separado, podrían llevar a diferentes elecciones... No hay un algoritmo neutral para la elección de teorías", escribe. Para entender completamente cómo progresa la ciencia a través de la incertidumbre, continúa, uno debe comprender el "conjunto particular de valores compartidos" que tienen los científicos que intentan resolver el problema. Durante periodos de cambio y desorden, lo que Kuhn llama *crisis*, un paradigma nuevo y estable emerge no por casualidad, sino como resultado de los valores que tienen las personas que están haciendo el trabajo. Los científicos que navegan la incertidumbre siguen sus valores hasta que llegan a algún lugar nuevo.[19] El progreso científico no es aleatorio. Está dirigido por valores (el método científico, el más notable), como vimos en el ejemplo de Robert Wilson, Arno Penzias y el fondo cósmico de microondas. Lo mismo es cierto para el progreso personal y organizacional.

En el capítulo anterior, aprendimos a concebirnos de manera fluida. Nos dimos cuenta de que desarrollar complejidad (diferenciación e integración) es esencial para prosperar en relación con nuestros entornos en constante cambio. En este capítulo,

---

[19] Kuhn, *The Structure of Scientific Revolutions*, pp. 184 y 198.

aprendimos que no nos complejizamos o evolucionamos al azar. Las formas en que nos diferenciamos e integramos, la dirección que toman nuestros senderos con el tiempo, son el resultado de una combinación de nuestros valores fundamentales robustos y nuestra disposición y capacidad para aplicarlos de manera flexible. Juntar todo esto da como resultado una *identidad robusta y flexible*.

Audre Lorde desafiaba cualquier categorización única. Lorde, quien falleció en 1992, se describía a sí misma como "negra, lesbiana, madre, guerrera y poeta". Creció en la ciudad de Nueva York y asistió a una escuela católica antes de asistir a una escuela secundaria pública. Se matriculó en el Hunter College, donde se especializó en estudios de biblioteconomía. Desde ahí, tomó un trabajo como bibliotecaria en las escuelas públicas de Nueva York. Ella y su esposo, Edwin Rollins, un hombre blanco que al final se declaró gay, tuvieron dos hijos antes de separarse en 1970. En 1972, conoció a su pareja Frances Clayton. Entre tanto, publicó poesía y prosa que abordaban temas de género, sexualidad, raza y discriminación. Como tal, Lorde se convirtió en una figura esencial en numerosos movimientos de activismo, que abarcaban los derechos civiles, el feminismo y la igualdad LGBTQ.[20]

Durante un examen rutinario a sus 40 años, Lorde encontró un bulto en su seno derecho. Se sometió a una biopsia y, afortunadamente, el resultado fue negativo. Pero luego, menos de un año después, en septiembre de 1978, se sometió a una revisión adicional. Esta vez, el tumor fue identificado como maligno. Comenzó a reflexionar y registrar su experiencia con el cáncer en entradas de diario y ensayos que luego publicó como un libro titulado *Los diarios del cáncer*. En él, recuerda su reacción al

---

[20] "Audre Lorde", *Poetry Foundation*, consultado el 12 de octubre de 2022, https://www.poetryfoundation.org/poets/audre-lorde.

enterarse de la malignidad del tumor. "De vez en cuando pensaba, tengo cáncer... ¿Dónde están los modelos para lo que se supone que debo ser en esta situación? Pero no había ninguno. Esto es todo, Audre. Estás sola", escribe.

La persona en la que se convirtió fue una versión aún más expansiva de sí misma, una persona cuya identidad incluía la muerte y cuya vida se convirtió en parte de los movimientos sociales que defendía. "Llevo la muerte en mi cuerpo como una condena. Pero vivo", escribe. "Debe haber alguna forma de integrar la muerte en la vida, ni ignorándola ni cediendo a ella".[21] Su solución fue usar su mortalidad como combustible para trabajar en línea con sus valores fundamentales y con un vigor renovado. Así como dedicó su vida a los valores de justicia e igualdad, también lo hizo con su muerte. "Si hago lo que necesito hacer porque quiero hacerlo, importará menos cuando llegue la muerte, porque habrá sido una aliada que me impulsó", escribió.

Lorde puede haber aceptado e integrado la muerte en su sentido del *yo*, pero eso no significa que la recibiera con los brazos abiertos. Ella es franca en *Los diarios del cáncer* sobre el temor y la desesperanza que sintió como resultado de su diagnóstico. Pero Lorde encontró consuelo al saber que la lucha por la justicia y la igualdad no comenzó con su nacimiento y no terminaría con su muerte. Al situar el trabajo de su vida dentro de un continuo de otros activistas, escritores y poetas, adoptó una perspectiva interdependiente de su identidad y, hacia el final de su vida, se inclinó hacia una concepción *última* de sí misma. Se consideraba una parte de algo más grande y duradero que su cuerpo, algo que llevaría partes de ella mucho más allá de su muerte. Dado que el activismo al que se dedicó sigue siendo fuerte y su escritura sigue siendo ampliamente leída y apreciada, es seguro decir que logró este objetivo.

---

[21] Audre Lorde, *The Cancer Journals*, Nueva York: Penguin, 2020, pp. 5-30.

La escritura de Lorde me recuerda enseñanzas específicas del recientemente fallecido maestro zen Thich Nhat Hanh, quien aconsejaba que, si actuamos en alineación con nuestros valores fundamentales, entonces vivimos a través de las reverberaciones de nuestras acciones. Llamaba a esto *nuestro cuerpo de continuación*. "No necesitamos esperar la completa desintegración de este cuerpo para comenzar a ver nuestro cuerpo de continuación, así como una nube no necesita haberse transformado completamente en lluvia para verlo", escribe. "Si podemos ver nuestro cuerpo de continuación mientras todavía estamos vivos, sabremos cómo cultivarlo para asegurar una conexión hermosa en el futuro. Este es el verdadero arte de vivir".[22]

Hanh enseñaba que nuestras acciones son nuestras únicas pertenencias verdaderas. No podemos escapar de sus consecuencias. Nuestras acciones representan el suelo sobre el cual estamos parados.[23] La importancia de esto no es exagerada. En su libro de 2022, *Lo que le debemos al futuro*, el filósofo William MacAskill introduce el fenómeno de *la plasticidad temprana, rigidez posterior*. Durante y justo después de periodos de cambio rápido, hay una breve ventana de oportunidad para participar en la creación de una nueva normalidad. Con el tiempo, sin embargo, esa ventana se cierra y las cosas se calcifican y se vuelven rígidas otra vez. Esto significa que, particularmente durante los periodos de desorden, las acciones impulsadas por valores pueden tener efectos que duren siglos y más allá.[24] El cambio y el desorden pueden ser incómodos, pero presentan una enorme oportunidad para moldear el futuro, ya sea el nuestro, el de nuestras organizaciones y comunidades, o incluso el de sociedades enteras.

---

[22] Thich Nhat Hanh, *The Art of Living: Peace and Freedom in the Here and Now*, San Francisco, California: HarperOne, 2017, p. 71.

[23] Thich Nhat Hanh, *Understanding Our Mind: 50 Verses on Buddhist Psychology*, Berkeley, California: Parallax Press, 2002.

[24] William MacAskill, *What We Owe the Future*, Nueva York: Basic Books, 2022, p. 43.

Ciclos de cambio

Orden → Desorden → Reordenamiento

**Plasticidad temprana,
rigidez posterior**
[Las acciones impulsadas por
valores moldean el futuro]

Incluso (y quizás especialmente) si no sabemos hacia dónde va el sendero que seguimos, sería sabio adoptar una actitud de hacer lo correcto (es decir, basado en valores). Esto nos da una mejor oportunidad de llegar adonde debemos ir. Desarrollar flexibilidad sólida es todo menos ser pasivo. Tomar acciones reflexivas y deliberadas es de lo que se trata al estar en conversación con el cambio y es el tema que examinaremos en la próxima, y última, parte de este libro.

Desarrolla límites sólidos y flexibles

- Tus valores fundamentales son los principios por los que vives; sirven como los límites sólidos de tu identidad; guían la manera como diferencias, integras y navegas tu sendero.
- Es bueno tener de tres a cinco valores fundamentales. Define cada uno en términos específicos y encuentra algunas maneras en las que puedes practicar cada uno en la vida cotidiana.
- Cuando sientas que el suelo se tambalea bajo tus pies, cuando no sepas cuál es tu próximo movimiento, puedes preguntarte: *¿Cómo podría orientarme hacia mis valores fundamentales?* O, si eso no es posible, podrías considerar: *¿Cómo podría protegerlos?*

- Tus valores fundamentales son los principios por los que vives; sirven como los límites sólidos de tu identidad; guían la manera como diferencias, integras y navegas tu sendero.
- Es bueno tener de tres a cinco valores fundamentales. Define cada uno en términos específicos y encuentra algunas maneras en las que puedes practicar cada uno en la vida cotidiana.
- Cuando sientas que el suelo se tambalea bajo tus pies, cuando no sepas cuál es tu próximo movimiento, puedes preguntarte: *¿Cómo podría orientarme hacia mis valores fundamentales?* O, si eso no es posible, podrías considerar: *¿Cómo podría protegerlos?*
- La flexibilidad se trata de ajustar continuamente cómo practicas y aplicas tus valores fundamentales de manera que sean fieles al sentido de ti mismo, pero también en armonía con tus circunstancias cambiantes.
- Es normal que tus valores fundamentales cambien con el tiempo. Navegar por el mundo practicando tus valores fundamentales actuales es lo que te guía a descubrir los nuevos.
- *Plasticidad temprana, rigidez posterior* significa que las acciones impulsadas por valores son particularmente importantes durante periodos de cambio y desorden; tienen un enorme impacto en la formación del futuro.

PARTE 3
ACCIONES ROBUSTAS Y FLEXIBLES

CAPÍTULO 5

RESPONDER, NO REACCIONAR

Hace más de 2 000 años, el filósofo estoico Epicteto escribió: "De las cosas, algunas están en nuestro poder, y otras no".[1] En el resto de su texto desarrolla esta dicotomía, exponiendo lo que se considera ampliamente como la enseñanza más esencial de todo el estoicismo: hay muchos fenómenos en la vida que no podemos controlar (como el envejecimiento, la enfermedad, un jefe enojado, el clima, la recepción negativa a nuestro trabajo y los errores de nuestros hijos, por ejemplo). Lo que sí podemos controlar, sin embargo, es la respuesta, y ahí es donde debería centrarse nuestra atención. Aunque el origen de esta lógica se atribuye ampliamente al estoicismo, que se difundió en Occidente entre el 200 a. C. y el 200 d. C., un concepto similar ya se exploraba unos cientos de años antes en Oriente. En el texto fundamental taoísta *Tao Te Ching*, publicado en el 400 a. C., Lao Tzu escribió: "El maestro permite que las cosas sucedan. Las moldea a medida que vienen".[2]

No es mi objetivo (ni es de mi competencia) analizar si este razonamiento se originó de manera independiente en Oriente y Occidente o se difundió de Oriente a Occidente. Mi interés aquí

---

[1] Epicteto, *A Selection from the Discourses of Epictetus with the Encheiridion*, trad. George Long, 9 de enero de 2004, http://pioneer.chula.ac.th/~pukrit/bba/Epictetus.pdf.

[2] Lao Tzu, *Tao Te Ching*, trad. Stephen Mitchell, p. 45.

es simplemente señalar que dos tradiciones principales de sabiduría antigua convergieron en la misma verdad fundamental: no podemos controlar lo que nos sucede, pero sí podemos controlar cómo respondemos a ello.

Esta verdad ha sobrevivido a la prueba del tiempo. Quizás la oración cristiana más conocida es la de la serenidad, publicada en 1951, por el teólogo Reinhold Niebuhr:

> Dios, concédeme serenidad para aceptar las cosas que no puedo cambiar; valentía, para cambiar las que puedo; y sabiduría, para entender la diferencia.

Esta verdad también ha superado el escrutinio de la ciencia empírica, destacándose en casi todas las terapias modernas basadas en la evidencia, incluidas la terapia de aceptación y compromiso, la cognitivo-conductual, la conductual-dialéctica y la de reducción de estrés basada en la atención plena. Cada uno de estos enfoques enseña la importancia de distinguir lo que puedes controlar de lo que no puedes, y luego aprender cómo enfocarte y tomar responsabilidad por lo primero sin quedarte atrapado en lo segundo ni culparte por ello.

Nuestro tema central, el cambio, es algo que no podemos controlar. Es una fuerza omnipresente e impredecible en nuestras vidas. Lo mejor que podemos hacer es aprender a bailar con él, haciendo lo que podamos para asegurar que nuestras acciones estén impulsadas por valores y así sean lo más efectivas que se pueda. Como verás en las páginas siguientes, hay una ciencia y un arte en esta práctica.

Katie[3] es profesora de cuarto grado en una escuela primaria pública de tamaño mediano en el oeste de Carolina del Norte. En

---

[3] El nombre de esta persona se ha cambiado para proteger su identidad.

marzo de 2020, al inicio de la pandemia, antes de que estuvieran disponibles las vacunas y los tratamientos, su distrito escolar pasó a un modelo de aprendizaje exclusivamente remoto. Ella tuvo tres días para averiguar cómo transformar todo su currículo para poder impartirlo en línea. Esto fue difícil para todos los profesores, pero sobre todo para aquellos que como Katie trabajan con estudiantes más jóvenes. Hacer que un niño de 10 años preste atención durante largos periodos en persona ya es bastante difícil, así que de modo virtual, es casi imposible, en especial cuando todos están llenos de preguntas e inquietudes sobre el estado del mundo y su propia salud y seguridad. Cuando se anunció la transición brusca al aprendizaje remoto, Katie entró en pánico durante unos minutos. Pero luego se enfocó hacia lo que podía controlar de la situación, elaborando planes de lecciones condensadas para la semana siguiente. No eran perfectos, pero al menos eran algo con lo que empezar.

Cuando quedó claro que los casos de covid no disminuirían, el distrito de Katie envió computadoras a todos los estudiantes. Este fue un gesto importante y bien recibido, pero no vino sin desafíos. "Un par de niños no se podían conectar. Mientras trataba de contactarlos, también tenía que averiguar cómo hacer que todos los demás usaran Google Meet por primera vez, lo cual, evidentemente, es difícil para los estudiantes de cuarto grado", recuerda Katie. "Los padres me llamaban para pedir consejo sobre cómo hacer funcionar su módem. Muchos de mis colegas me preguntaban cómo usar ciertas funciones en línea. Me convertí en coordinadora de tecnología al mismo tiempo que intentaba convertir todas mis lecciones a formatos digitales para un grupo de niños pequeños".

Para cuando comenzó el siguiente año escolar, en el otoño de 2020, muchos de los colegas de Katie habían renunciado, lo que llevó a una escasez de profesores y al aumento del tamaño de los grupos. Esto no supuso muchos problemas adicionales al principio, ya que todos estaban en modalidad remota. Pero, en 2021, cuando la escuela adoptó un modelo híbrido, la escasez de profesores hizo que una situación ya complicada se volviera aún más difícil.

En un esfuerzo bienintencionado (pero quizás mal pensado) para proteger a los niños y a los miembros vulnerables de la familia, el distrito escolar de Katie decidió que la asistencia en persona sería opcional. Esto significaba para los profesores que tenían que enseñar a los estudiantes en persona y en línea simultáneamente. Las grandes empresas gastan miles de dólares en tecnología de apoyo para realizar una reunión híbrida de dos horas para adultos altamente funcionales, incluyendo técnicos de producción, cuyo trabajo es sincronizar y resolver problemas. Mientras tanto, a Katie le dieron medio día, una computadora portátil y una palmadita en la espalda, y luego se le pidió que averiguara cómo realizar el equivalente a 100 jornadas consecutivas para un grupo de estudiantes estresados de cuarto grado.

La enseñanza híbrida requería de una improvisación infinita, sin manual de instrucciones. Por ejemplo, cuando Katie observó la inestabilidad emocional de sus estudiantes, respondió instituyendo controles regulares de salud mental a lo largo del día, incluso si eso significaba sacrificar tiempo para las materias tradicionales como matemáticas y ciencias. Constantemente se veía obligada a evaluar intercambios imposibles y tomar decisiones imperfectas, respondiendo a una situación sin precedentes, de la manera más reflexiva posible. ¿Priorizar a los estudiantes en casa o a los presenciales? ¿Priorizar matemáticas o salud mental? ¿Priorizar apoyo social o alfabetización? La lista era interminable.

En 2022, cuando su escuela volvió a un modelo completamente presencial, enfrentó nuevas dificultades. "Muchos de mis estudiantes no habían tenido un año escolar completo y normal desde primer grado, y fue un ajuste grande y agotador para todos", explica. Además, en una decisión inoportuna, que parece completamente absurda (y eso es ponerlo de manera amable), los administradores decidieron implementar en ese momento un currículo completamente nuevo. Esto requirió que Katie y sus colegas replantearan todas sus lecciones. No es sorprendente que esto provocara la renuncia de más profesores, lo que a su vez aumentó aún más el tamaño de los grupos de Katie, haciendo imposible la distancia social que se suponía debían practicar. Su primera idea fue abrir las ventanas para aumentar el flujo de aire, pero la gran mayoría estaban atascadas o rotas. En lugar de entrar en pánico o enfurecerse, respondió de manera creativa. "En mi aula, una de las ventanas estaba amarrada a una roca fósil gigante porque no había otra forma de mantenerla abierta", me contó. "Tuve que hacer lo mejor con lo que tenía".

Cuando le pregunté a Katie por qué y cómo seguía adelante a pesar del caos, su respuesta fue doble. Primero, intentaba reflexionar sobre sus valores fundamentales todos los días. "Regreso a cómo y por qué hago esto. No es por el distrito o el superintendente. Es por los niños", me dijo. Segundo, actuaba alineada con esos valores, respondiendo a las cosas que podía controlar y tratando de soltar todo lo que no podía. "Algunos profesores toman cada mandato desde arriba muy en serio y luego se frustran mucho y se rinden o renuncian", explica. "Siento lealtad hacia los niños; me importa lo que les pasa y los tengo en mente cuando estamos en una reunión y nos dicen que tenemos que hacer algo que parece completamente ridículo. A veces solo asumo lo que plantean y luego, cuando estoy en el aula, hago lo que creo que es mejor", explica. "Puedes pasar una eternidad preparándolo todo y luego algo sucede y todo tu día se echa a perder. Tienes que hacer lo que puedas en el momento para crear un ambiente positivo para los niños, respondiendo constantemente a lo que tienes frente a ti, lo cual, durante la pandemia de covid, cambió todo el tiempo".

Además de demostrar que los profesores están espectacularmente subestimados y que trabajan sin apoyo en casi todos los aspectos, la experiencia de Katie ilustra el poder de enfocarse en lo que puedes controlar y de no preocuparte por lo que no puedes. Ella se enfrentó al desorden y al caos sin reaccionar

150 EL PODER DE ADAPTARSE

impulsivamente, entrar en pánico o ponerse en modo automático; en cambio, respondió con intencionalidad, actuando de manera reflexiva.

Zanshin

Un ejemplo extremo, y literal, de entrar en modo automático es algo llamado *fijación en el objetivo*, un fenómeno observado más frecuentemente en conductores, motociclistas y pilotos. Definido en términos amplios, la fijación en el objetivo ocurre cuando una persona se enfoca tanto en el objetivo particular hacia el que se dirige que termina chocando contra él. El ejemplo más común ocurre cuando un conductor se enfoca demasiado en el coche frente a él, solo para terminar estrellándose contra su parte trasera. Otro ejemplo son los accidentes en el acotamiento. Estos ocurren cuando los conductores identifican un coche que está detenido al costado de la carretera, dirigen su atención hacia él y luego proceden a chocar contra él.

Aunque la investigación sobre la fijación en el objetivo está limitada al transporte mecánico, sospecho que su tema es aplicable a todos los ámbitos de la vida. Si nos enfocamos demasiado y de inmediato en algo frente a nosotros, corremos el riesgo de estrellarnos sin pensar en ello. Es el escalador que está tan obsesionado con alcanzar la cima que pasa por alto señales sutiles que presagian cambios en el clima, exponiéndose a riesgos inaceptables en su descenso, un fenómeno coloquialmente conocido como *fiebre de cumbre*. Es el padre que está tan preocupado por los logros futuros de su hijo que pasa por alto lo que su hijo necesita en el presente. O el gerente que desea tanto ser promovido que termina desempeñándose mal en el trabajo que tiene frente a él. Ampliando la perspectiva, la fijación en el objetivo se convierte en un riesgo para la existencia en su totalidad. Si estamos perpetuamente enfocados en algo que está delante de nosotros, en nuestros planes futuros y hacia donde creemos que nos dirigimos, corremos el riesgo de estrellarnos contra el objetivo final (nuestra muerte) sin saber cómo llegamos ahí. Perdemos todas las cosas interesantes en el camino.

El arte marcial del aikido reconoce el problema de la fijación en el objetivo y lo contrarresta enseñando una cualidad llamada *zanshin*, definida de manera vaga como una conciencia continua que te prepara para tu próxima acción. *Zanshin* se enfoca en lo que está sucediendo frente a ti, pero también en lo que está ocurriendo a tu alrededor. Es una manera flexible de ver, que se amplía y se reduce, y rota de esta manera y aquella. A diferencia de la fijación en el objetivo, te permite la percepción de un objeto o meta y del campo que lo rodea al mismo tiempo. Puede comenzar como una ventaja para el aikido, pero siguiendo su propia prescripción, se extiende más allá de cualquier objetivo único. "*Zanshin* es el futuro, pero *zanshin* también es ahora. La calidad de tu *zanshin* es la calidad de tu aikido, y la calidad de tu aikido es la calidad de tu vida", escribe el maestro de aikido y filósofo humanista George Leonard.[4]

I Drive Safely, una de las mayores escuelas de conducción en Estados Unidos, aborda la dificultad de la fijación en el objetivo enseñando *zanshin*, aunque no lo llamen así. "Si un objeto inesperado entra en tu visión, como un coche que sale o una ardilla cruzando la carretera, no lo mires directamente: usa tu visión periférica y planea mirar más allá del objeto en cuestión".[5] Esta flexibilización de tu vista te permite relajarte frente a lo que está sucediendo y captar señales delicadas que de otro modo podrías perder, lo que a su vez te permite responder a una situación en desarrollo de manera más efectiva.

---

[4] George Leonard, *The Way of Aikido: Life Lessons from an American Sensei*, Nueva York: Plume, 2000, pp. 120-123.

[5] "Fijación en el objetivo: No es solo un problema de motos", I Drive Safely, consultado el 12 de octubre de 2022, https://www.idrivesafely.com/defensive-driving/trending/target-fixation-its-not-just-motorcycle-problem.

Ya sea que estés conduciendo un coche, compitiendo en aikido, criando a un hijo o dirigiendo un equipo, el poder de emplear la técnica *zanshin* es que te sitúa en conversación con tus circunstancias cambiantes. Cuando te sorprendas fijo en un único punto final (pensando en él sin parar, quizás incluso tensándote), pregúntate cómo sería alejarte y considerar no solo tu meta u objetivo, sino también lo que está sucediendo a tu alrededor. Pausa y contempla senderos alternativos para llegar a donde quieres ir, y considera que lo que crees que es tu destino final puede no serlo. (Un método de cuatro pasos puede ayudar, y lo desglosaremos más adelante en este capítulo.) Independientemente de lo que la vida te depare, al practicar *zanshin* te das una mejor oportunidad para responder deliberadamente a las circunstancias cambiantes en lugar de ir en modo automático y reaccionar. Tus acciones se vuelven más refinadas y alineadas con tu realidad presente y tus valores, en lugar de alinearlas con percepciones falsas o expectativas previas. Como resultado, no solo te sientes mejor, sino que también te va mejor.

El año es 2008. El escenario es el Interlachen Country Club en Minnesota. El campeonato de golf femenino de Estados Unidos se está desarrollando de una manera que nadie podría haber predicho. Una joven de 19 años de Corea del Sur está dominando, logrando *putts* desafiantes desde todos los rincones del *green*. Su nombre es Inbee Park, y tan solo es su segundo año en el circuito profesional. Está tan adelantada que, a mitad de la ronda final del torneo, está claro que hará historia, convirtiéndose en la jugadora más joven en ganar el prestigioso título.

Desde que ganó el US Open en 2008, Park ha tenido una carrera asombrosa. Ha sido clasificada como la mejor jugadora del mundo en cuatro ocasiones distintas. Ha ganado 21 torneos, incluidos siete campeonatos importantes y un Grand Slam de

RESPONDER, NO REACCIONAR

carrera, convirtiéndose en la cuarta mujer en la historia en ganar las cuatro joyas de la corona del golf. Y en el verano de 2016, a pesar de una grave lesión en la mano, Park ganó la medalla de oro en los Juegos Olímpicos de Río.

El tremendo éxito de Park se debe en gran parte a su *záns-hin*. Es conocida por mantenerse tranquila y serena sin importar lo que esté sucediendo, lo que le permite navegar hábilmente a través del cambio y el desafío. Esto es quizás más evidente en sus *putts*, donde la excelencia de Park no tiene rival, sin importar el género. El escritor de golf Max Schreiber explica que la golfista "emboca *putts* de 3 a 4.5 metros, un notable 64% de las veces... Para ponerlo en contexto, el resto de la LPGA [la división femenina] tiene un promedio del 28% desde esa distancia, mientras que en el PGA Tour [la división masculina] es aproximadamente del 30%... Cuanto más largo es el *putt*, más relajada y segura está Park".

Park atribuye su habilidad en el campo a su atención relajada y su capacidad para concentrarse en lo que puede controlar mientras deja ir el resto. "Hay tantas variables que tienes que tener en cuenta... Tantas cosas sucediendo en el camino hacia el hoyo... Solo trato de hacer el *putt* con la velocidad correcta, la línea correcta, y eso es casi todo lo que puedo hacer", le dijo al canal Golf.[6]

En el golf, el *putting* se conoce coloquialmente como juego corto, ya que estás relativamente cerca del hoyo cuando golpeas la bola. Pero el *zanshin* de Park se extiende también a cómo aborda el juego largo, y no solo en los *fairways*. Tras su campeonato revelador a los 19 años, Park pasó por un periodo difícil en el que luchó con la presión de las altas expectativas. Se adelantó a sí misma y se preocupó por ganar el torneo siguiente en su agenda,

---

[6] Max Schreiber, "Inbee Park explica por qué es la mejor del mundo haciendo *putts* de 10-15 pies", 6 de octubre de 2021, Golf, canal de televisión, https://www.golfchannel.com/news/inbee-park-explains-why-shes-worlds-best-putter-1015-feet.

cualquiera que fuera, y perdió su capacidad para responder a lo que estaba sucediendo en el momento. Al final, recurrió al *zanshin* para seguir adelante. "Me di cuenta de que [las expectativas] realmente no importan y la gente no se preocupa por ti tanto como tú crees... No necesitas preocuparte por los demás. Preocúpate por ti mismo y por hacer lo correcto", dice, y los movimientos subsiguientes surgirán por sí mismos.[7] Ahora vamos a echar un vistazo más profundo para ver por qué esto sucede así. Para ello, examinaremos la fascinante área de la neurociencia, que argumenta por qué es mejor responder que reaccionar para hacer lo correcto.

Activación conductual y la neurociencia de responder en lugar de reaccionar

Cuando nos enfrentamos al cambio, especialmente si es repentino, una parte de nuestro cerebro llamada *amígdala* se activa. La amígdala es una estructura más antigua, que evolucionó al principio de la historia del *Homo sapiens*. Su propósito principal es hacernos patear, gritar y correr si estamos siendo atacados por depredadores. Es una parte central de lo que el fallecido neurocientífico Jaak Panksepp llamó *la vía de la IRA* o el circuito neural que se activa de manera predecible cuando nuestro sentido de nosotros mismos y nuestra estabilidad están amenazados. La vía de la IRA evolucionó para ser reactiva, y con razón. Si estamos siendo perseguidos por un león o un tigre en la sabana, nuestra supervivencia depende de movimientos rápidos e instintivos. En el mundo actual, sin embargo, nuestras amenazas rara vez provienen de leones o tigres y, por lo tanto, no requieren una reacción

---

[7] Brentley Romine, "Este consejo mental de la leyenda de la LPGA Inbee Park es importante", 21 de enero de 2022, Golf, canal de televisión, https://www.golfchannel.com/news/mental-tip-lpga-legend-inbee-park-major.

RESPONDER, NO REACCIONAR

tan inmediata. Sobre todo, reaccionar a las vicisitudes modernas (como el cambio climático, el envejecimiento, la enfermedad, las tensiones laborales y los conflictos relacionales) tiende a ser contraproducente. La mayoría de nuestros desafíos actuales requieren respuestas reflexivas y deliberadas.

Por supuesto, la vía de la IRA aún puede resultar útil, especialmente si pasas tiempo haciendo senderismo en territorio de osos. Solo que su utilidad está limitada a muchas menos circunstancias de las que alguna vez fueron necesarias durante la evolución temprana de nuestra especie. Afortunadamente, estamos equipados con otras opciones.

Otra región del cerebro, los ganglios basales, recibe entradas directas de la amígdala a través de un grupo de neuronas que constituyen una estructura diminuta llamada el *estriado*. Puedes pensar en el estriado como una autopista de múltiples carriles que conecta los ganglios basales con la amígdala, así como con otras partes del cerebro.[8] Los ganglios basales no se ocupan exclusivamente de la IRA. También controlan otros comportamientos, incluyendo lo que Panksepp denominó *la vía de la BÚSQUEDA*. La vía de la BÚSQUEDA facilita la planificación y la resolución de problemas. Es subyacente a nuestra capacidad para poner manos a la obra y avanzar conscientemente hacia desafíos en lugar de sentirnos impotentes o huir. Gran parte de la investigación innovadora de Panksepp se llevó a cabo en un campo llamado *neurociencia afectiva*, que, entre otras cosas, busca conectar redes cerebrales específicas con emociones y comportamientos. Su trabajo (y el de otros investigadores) muestra que las vías de la IRA y la BÚSQUEDA compiten por recursos, participando en lo que equivale a un juego en donde solo puede haber un

---

[8] José L. Lanciego, Natasha Luquin y José A. Obeso, "Neuroanatomía funcional de los ganglios basales", *Cold Spring Harbor Perspectives in Medicine*, vol. 2, núm. 12, diciembre, 2012, p. a009621, https://www.ncbi.nlm.nih.gov/pmc/articles/PMC3543080.

156　　　EL PODER DE ADAPTARSE

ganador: si la vía de la BÚSQUEDA está activa, la vía de la IRA está desactivada.[9]

Lo que Panksepp y sus colegas evidenciaron utilizando la neurociencia de vanguardia es algo con lo que la mayoría de nosotros nos relacionamos gracias a nuestra propia experiencia. Cuando hacemos planes, solucionamos problemas o trabajamos para resolver un desafío es casi imposible sentirnos furiosos y en la vía de la IRA al mismo tiempo. El cerebro es incapaz de responder y reaccionar en paralelo, de manera que al tener ocupadas las características que componen la respuesta, evitamos caer en la reacción. Pero la historia no termina ahí.

El circuito neural asociado con responder es como un músculo: se fortalece con el uso. Las neuronas que se activan juntas se conectan juntas. Si eres capaz de generar una respuesta deliberada en una situación difícil y angustiante hoy, es más probable que lo hagas por hábito el día de mañana.[10] Con cada acción calculada que tomamos, se libera una ráfaga de un neuroquímico llamado dopamina. La dopamina actúa como combustible para la vía de la BÚSQUEDA. Nos hace sentir bien y nos motiva a seguir adelante, incluso si estamos caminando por senderos desafiantes e inciertos.[11] Cuanto más combustible tenga la vía de la BÚSQUEDA para operar, menos probable será que la vía de la IRA la sobrepase.

En su fascinante libro sobre los orígenes de la conciencia, *La primavera escondida*, el neurocientífico sudafricano Mark Solms describe lo que él llama la *ley del afecto*. La ley del afecto dice que,

---

[9] Kenneth L. Davis y Christian Montag, "Principios seleccionados de la neurociencia afectiva pankseppiana", *Frontiers in Neuroscience*, vol. 12, enero, 2019, p. 1025 https://www.frontiersin.org/articles/10.3389/fnins.2018.01025/full.

[10] Guyenet, *The Hungry Brain: Outsmarting the Instincts That Make Us Overeat*, p. 205.

[11] Andrew B. Barron, Eirik Søvik y Jennifer L. Cornish, "Los roles de la dopamina y compuestos relacionados en el comportamiento de búsqueda de recompensa a través de los animales", *Frontiers in Behavioral Neuroscience*, vol. 4, octubre, 2010, p. 163, https://www.frontiersin.org/articles/10.3389/fnbeh.2010.00163/full.

aunque nuestros pensamientos son indudablemente importantes, son nuestros sentimientos (nuestro afecto) los que dominan la conciencia y nos dirigen de esta manera o aquella. Como tal, tendemos a repetir comportamientos que nos hacen sentir bien. La vía de la BÚSQUEDA, y la dopamina que la alimenta, está implicada en muchos de estos comportamientos, ya sea planificar o dar pequeños pasos para llevar a cabo las cosas y alcanzar nuestras metas.[12] El resultado es un ciclo virtuoso: si respondemos con deliberación a situaciones inciertas, nos sentimos bien, y es más probable que respondamos así de nuevo. Recuerda, esto es muy importante porque la vía de la IRA se apaga en automático cuando la vía de la BÚSQUEDA está activa. Una vez que entramos en un ritmo productivo, nuestros cerebros son menos propensos a ser secuestrados por emociones intensas y potencialmente destructivas.

Debido a que somos humanos falibles, por mucho que lo intentemos, la ira, el pánico y otras emociones reactivas a veces nos dominan. La buena noticia es que el cerebro tiene un mecanismo de defensa incorporado para cuando esto sucede. La mala noticia es que este mecanismo nos puede generar tristeza.

La vía de la IRA solo puede estar activa por un tiempo antes de agotarse. Cuando esto sucede, otro circuito neural, que algunos neurocientíficos llaman *la vía de la TRISTEZA*, se activa. El resultado es el desánimo y el abatimiento. Muchos de nosotros los hemos experimentado. Por ejemplo, cuando perdemos la calma con una pareja, amigo, hijo o colega puede sentirse bien en el momento ("Fue TAN bueno desahogarse y explotar"), pero después de tales explosiones, la mayoría de la gente se siente mal. (Esto recuerda la descripción conmovedora de la ira por parte

---

[12] Mark Solms, *The Hidden Spring*, Nueva York: W. W. Norton, 2021, p. 89.

158 EL PODER DE ADAPTARSE

del Buda como una "raíz envenenada con una punta de miel".) Mientras tanto, si un periodo prolongado de ira, furia o pánico (otra emoción reactiva común) queda sin resolverse, hay una alta probabilidad de que nos agotemos, padezcamos fatiga crónica o incluso depresión clínica.[13]

Una parte de lo que hace que estados mentales como la impotencia, la desesperación y la depresión sean tan insidiosos es que se arraigan con rapidez y, por lo tanto, vuelven difícil la reactivación de la vía de la BÚSQUEDA. "Químicamente, la transición de *protesta* a *desesperación* está mediada por péptidos que apagan la dopamina. Por eso, la depresión se caracteriza por los sentimientos opuestos que caracterizan la búsqueda", escribe Solms.[14] Sospecho que esta es también la razón por la que las terapias conductuales a menudo son más poderosas que las cognitivas.[15] Mientras con las terapias cognitivas intentas pensar tu camino hacia un nuevo estado mental, con las terapias conductuales intentas actuar tu camino hacia un nuevo estado mental, incluso si sientes que te estás forzando. Pero, si puedes reunir la voluntad para realizar una pequeña acción productiva hoy, activarás tu vía de la BÚSQUEDA y será más probable que puedas realizar una pequeña acción productiva mañana. La dopamina se libera y el comportamiento productivo de la BÚSQUEDA se construye sobre sí mismo.

Puede que te estés preguntando: "¿No es la planificación una forma de pensar? ¿Y no escribiste anteriormente que la planificación también puede activar la *vía de la BÚSQUEDA*?". La respuesta a ambas preguntas es sí. Pero incluso el pensamiento más

---

[13] Craig N. Sawchuk, "Depresión y ansiedad: ¿puedo tener ambas?", Clínica Mayo, 2 de junio de 2017, https://www.mayoclinic.org/diseases-conditions/depression/expert-answers/depression-and-anxiety/faq-20057989.

[14] Solms, *The Hidden Spring*, p. 115.

[15] Sona Dimidjian *et al.*, "Los orígenes y el estado actual de los tratamientos de activación conductual para la depresión", *Annual Review of Clinical Psychology*, vol. 7, 2011, pp. 1-38, https://pubmed.ncbi.nlm.nih.gov/21275642.

optimista o estratégico no está asociado con el mismo impulso de dopamina que la acción. Por eso, realizar una acción productiva es particularmente útil cuando te sientes decaído, desmotivado o apático, es decir, cuando la vía de la TRISTEZA en tu cerebro es la dominante. Puedes permitirte sentir esas emociones, pero no quedarte estancado en ellas ni asumirlas como si fueran tu destino. En su lugar, cambia el enfoque a tomar acción, una, llevando contigo tus sentimientos, sean cuales sean. Hacer esto te brinda la mejor oportunidad de mejorar tu estado de ánimo. Los psicólogos clínicos lo llaman *activación conductual*, y se basa en la idea de que la acción puede crear motivación y afecto positivo, especialmente cuando estás estancado. En términos sencillos, no necesitas sentirte bien para empezar; necesitas empezar para darte la oportunidad de sentirte bien.

Puede ser útil pensar en ese impulso inicial como energía de activación. A veces necesitas más, y a veces menos. Las acciones productivas se refuerzan a sí mismas. Cuanto más puedas empujarte a ti mismo a empezar hoy, más fácil será mañana. Por supuesto, la activación conductual no es una solución absoluta, sobre todo para las personas que experimentan depresión, desesperación u otros desafíos de salud mental. Pero la investigación clínica muestra que puede ser una herramienta extremadamente efectiva, en especial cuando te sientes decaído y desanimado durante periodos de cambio o desorden.

Si no sabes por dónde empezar, un buen lugar para hacerlo es reflexionar sobre tus valores fundamentales, los cuales discutimos en el capítulo anterior. Luego, pregúntate cómo aplicar tu energía de activación de manera estratégica. ¿Qué acciones apoyan tus valores fundamentales y te darán el empuje que necesitas? Puede que no tengas ganas de empezar, pero hazlo de todos modos y ve qué pasa. Aunque estamos condicionados a pensar que nuestro ser influye en nuestro hacer, es sorprendente cuán cierto también es lo contrario: nuestro hacer influye en nuestro ser.

Toda esta fascinante neurociencia básicamente nos advierte sobre el riesgo de entrar en pánico cuando hay un cambio y luego, tras ese periodo de pánico y/o ira, caer en la desesperanza, la fatiga y la desesperación (lo cual no es poco común). Nos muestra por qué responder deliberadamente con acciones guiadas por valores es un camino mucho mejor, aunque más difícil. Continuaremos explorando este camino en las siguientes páginas.

El poder extraordinario de responder y no reaccionar

Cristina Martínez nació en Capulhuac, Estado de México, donde su familia preparaba una comida típica en la región: barbacoa, la cual consiste en cocinar carne de borrego, envuelto en pencas de maguey, en un hoyo en el suelo. Al crecer, Martínez trabajó en el negocio de la familia, conociendo la cocina de manera íntima. Ella considera que este fue un periodo relativamente estable y feliz en su vida.

A los 17 años, se casó con un hombre cuya familia también hacía barbacoa. Sin embargo, ella se vio obligada a trabajar en horarios brutales, desde las tres de la mañana hasta después de las diez de la noche. Cuando finalmente le dijo a su esposo que ya no soportaba esa carga de trabajo, él comenzó a tratarla muy mal, abusando verbal y físicamente de ella. Cristina encontró consuelo en criar a su hija, Karla, a quien considera la luz de su vida. No quería que su niña experimentara el mismo abuso y falta de autonomía que ella había vivido. Quería que Karla recibiera una educación que le permitiera seguir una carrera propia.

Para obtener una educación de calidad, la pequeña tendría que ir a una escuela privada, lo que requería que Martínez ganara dinero extra para la colegiatura. Desafortunadamente, su esposo se quedaba con cada centavo. "Cuando Karla tenía apenas 13 años, su padre me dijo: 'Espero convertir a mi hija en una buena esposa'. Tomé esas palabras en serio y pensé: 'Vaya. Estoy a punto de perder a mi hija'", recuerda Martínez en el especial de Netflix *Chef's Table*. "Le dije a Karla: 'No quiero que repitas esta misma historia'".[16]

Quedó claro que Martínez necesitaría una forma de obtener ingresos que fuera independiente del negocio de su esposo y su familia. Sin otra opción, decidió dejar su hogar y migrar a Estados Unidos. Su plan era encontrar trabajo en Filadelfia, donde tenía un cuñado, y enviarle dinero a Karla, a quien trasladaría a un lugar seguro. Encontró a un *coyote* para ayudarla a cruzar la frontera. Partirían en unos meses. Se preparó todos los días, ejercitándose, corriendo y alimentándose bien para tener suficiente energía para el largo y arduo viaje.

En el día señalado en 2006, Martínez y 23 personas más volaron a Ciudad Juárez y comenzaron a caminar. Caminaron durante 15 días en el desierto, enfrentando los elementos y sobreviviendo con raciones escasas, pero lo lograron. Después de un viaje de siete días a través de Estados Unidos en un automóvil que su traficante había conseguido para ella, Martínez llegó a Filadelfia. Inmediatamente comenzó a buscar trabajo en cocinas de restaurantes y fue contratada para preparar alimentos en un restaurante italiano.

No sabía inglés y el chef no sabía español, así que tuvo que aprender observando. Puso su corazón en aprender, como si su vida dependiera de ello, lo cual, en su caso, no estaba tan alejado de la verdad. Sobresalió y fue ascendida rápidamente a chef de repostería. En la cocina, conoció al hombre que se convertiría en su segundo esposo, Benjamin Miller, un compañero de trabajo estadounidense. Después de salir durante muchos meses, Miller le propuso matrimonio a Martínez y se casaron poco después.

---

[16] "Cristina Martínez", *Chef's Table*, especial de Netflix, temporada 5, episodio 1, 28 de septiembre de 2018, 50:00.

Tras su boda, Miller intentó ayudar a Martínez a obtener su residencia permanente (*green card*), pero los abogados les dijeron que necesitaban una carta de su empleador. Cuando se la pidieron al propietario del restaurante, él se la negó, alegando no saber que era indocumentada. Luego procedió a despedirla de inmediato. Sin trabajo, Martínez se encontró de pronto sin manera de enviarle dinero a Karla. En lugar de reaccionar con ira, pensó en lo que podía hacer y notó que, aunque muchos inmigrantes mexicanos vivían en su vecindario, no había ningún establecimiento de barbacoa. Ahí estaba su respuesta calculada. "Había muchas opciones en los menús locales (mariscos, carnes y platos tradicionales), pero ninguna de barbacoa. Así que pensé que tal vez podría vender barbacoa aquí", recuerda en una entrevista sobre su vida.[17]

Martínez comenzó a cocinar barbacoa en el apartamento que compartía con Miller. Él la ayudó a hacer y repartir las tarjetas de presentación. Cuando se dieron cuenta de que no podían conseguir ingredientes auténticos cerca de donde vivían, contactaron a un granjero en Lancaster, Pensilvania, para que pudieran cultivarlos ellos mismos. La gente se enamoró de su comida; aquellos que habían migrado desde México se emocionaban al probarla, porque les recordaba a su hogar.

Su cocina se volvió tan popular que precisó encontrar un espacio fuera del apartamento para instalar una cocina adecuada. Afortunadamente, una amiga que tenía un restaurante estaba mudándose del lugar y Martínez pudo trasladar su negocio ahí. Miller ayudaba a dirigir y a administrar, y Martínez cocinaba, como nunca antes, con una intensidad y alegría feroces. Su restaurante continuó aumentando en popularidad, convirtiéndose en el epicentro de una comunidad de inmigrantes

---

[17] "Barbacoa sin fronteras (Barbacoa Beyond Borders)", 2 de diciembre de 2021, *Duolingo*, pódcast, episodio 100, 23:46, https://podcast.duolingo.com/episode-100-barbacoa-sin-fronteras-barbacoa-beyond-borders.

en rápido crecimiento en el sur de Filadelfia. En 2016, la popular revista culinaria *Bon Appétit* nombró a su local de vecindario como uno de los diez nuevos restaurantes más destacados en América. "De repente, estoy en la radio, en la televisión, en las revistas", recuerda Martínez.[18] Respondió a la publicidad compartiendo su historia y abogando por los derechos de los trabajadores inmigrantes. Además de hacer escuchar su voz, la publicidad también aumentó la popularidad de su comida. Hoy en día, Martínez participa como una activista destacada por la reforma laboral migrante, y su restaurante, South Philly Barbacoa, atiende a más de 1 500 clientes cada fin de semana. Mientras tanto, pudo financiar una educación adecuada para su hija Karla, que actualmente es enfermera y puede mantenerse por sí misma.

La inmigración es un tema complejo; pero, a nivel individual, espero que podamos coincidir en que no debería ser tan difícil para una persona bienintencionada que busca garantizar su seguridad y dignidad. Al igual que con la historia de Katie del capítulo anterior y la de Bryan Stevenson del capítulo 2, es lamentable que las personas se vean obligadas a recurrir a medidas tan heroicas. Pero aquí estamos. Recuerda lo que escribí en el capítulo anterior: si tenemos alguna oportunidad de mejorar un mundo roto, debemos aprender a navegarlo sin convertirnos en personas rotas. Hay mucho que aprender de alguien como Martínez, quien pudo superar un desorden extremo sin caer en la desesperación. Lo hizo respondiendo, en lugar de reaccionando, a los desafíos dramáticos y a los contratiempos que enfrentó.

Hubo varios momentos a lo largo del viaje de Martínez en los que podría haber sido fácilmente dominada por la vía de la IRA,

---

[18] "Cristina Martínez", *Chef's Table*.

pero en cambio activó la vía de la BÚSQUEDA. Cuando estaba atrapada en una relación abusiva con su primer esposo y vio que el amor de su vida, su hija Karla, se dirigía hacia un futuro similar, Martínez comenzó a hacer planes para inmigrar a Estados Unidos y poder enviar dinero de vuelta. Cuando pidió ayuda a su jefe para obtener la residencia y él reaccionó despidiéndola, podría haber caído fácilmente en la IRA, especialmente porque había trabajado muy duro para ese restaurante; pero su respuesta fue detectar los huecos en la escena culinaria de su vecindario, lo que la llevó a hacer barbacoa. Cuando no pudo conseguir los ingredientes adecuados, buscó conexiones locales para cultivarlos. Podemos observar el mismo patrón en la historia de Katie, la maestra de cuarto grado, quien continuó respondiendo de la manera más reflexiva posible durante un periodo de dificultad, cambio y desorden.

Sin duda, podrían haber estado llenas de ira en ocasiones, pero ninguna de estas mujeres dio a sus vías de la IRA la oportunidad de apoderarse completamente de su conciencia. Si acaso, convirtieron su ira en combustible para la acción productiva. Separaron lo que podían controlar de lo que no podían y luego se enfocaron en lo primero, poniendo manos a la obra y respondiendo en lugar de reaccionar. Si haces esto una y otra vez, comienzas a desarrollar lo que los psicólogos llaman *autoeficacia*, una confianza segura, fundamentada en la creencia de que eres capaz de tomar acciones deliberadas frente a las dificultades. Décadas de investigación muestran que las personas que obtienen altas puntuaciones en medidas de autoeficacia son más capaces de superar periodos de cambio y desorden.[19] Tiene sentido. Si te sientes inseguro acerca de tu capacidad para responder al cambio, entonces es probable que percibas la necesidad de controlar

---

[19] Albert Bandura, "Autoeficacia: Hacia una teoría unificadora del cambio conductual", *Psychological Review*, vol. 84, núm. 2, marzo, 1977, pp. 191-215, https://psycnet. apa.org/doiLanding?doi=10.1037%2F0033-295X.84.2.191.

todo y el cambio se vuelve amenazante. Cuando las cosas se sienten fuera de control, reaccionas. Pero si te sientes seguro de tu capacidad para responder al cambio, entonces te sientes cada vez más en paz con él y, por lo tanto, es más probable que navegues con habilidad lo que la vida te presente.

Las 4P: un método basado en evidencia para la autoeficacia durante el cambio y el desorden

Solo porque sepas algo a nivel intelectual no significa que lo aplicarás consistentemente, en especial en situaciones tensas. Un tema común de conversación con mis clientes de *coaching* no solo son los beneficios de responder en lugar de reaccionar, sino cómo hacerlo en realidad. Como tal, he desarrollado una heurística para ayudar: 2P versus 4P. Cuando reaccionamos, entramos en *pánico* y queremos dar *puñetazos* a ciegas; cuando respondemos, *pausamos*, *procesamos*, *planificamos* y, solo entonces, *procedemos*.

Las reacciones son veloces. Sientes y luego actúas. Responder es más lento. Involucra más espacio entre un evento y lo que haces, o no haces, al respecto. En esa *pausa* le das espacio a las emociones inmediatas, aire para respirar y, por lo tanto, llegas a comprender mejor lo que está sucediendo, es decir, lo *procesas*. Como resultado, puedes reflexionar y conformar una estrategia, utilizando las partes más evolucionadas y exclusivamente humanas de tu cerebro, para hacer un *plan que esté alineado con tus valores*, y luego *proceder* en consecuencia. Responder es más difícil que reaccionar, especialmente al principio. Requiere más energía psíquica; demanda frenar el impulso de hacer algo de inmediato y no ceder a él. Pero, como la mayoría de las cosas que requieren esfuerzo, responder tiende a ser ventajoso, por todas las razones que ya hemos explorado. Rara vez te arrepientes de responder deliberadamente a una situación desafiante, mientras que a menudo te arrepientes de reaccionar automáticamente ante una.

Pausar

Casi cualquier persona puede hacer una pausa por un instante. Pero cuando las emociones están a flor de piel, es muy fácil sentirse abrumado y caer nuevamente en la reactividad en tan solo un segundo. Procesar genuinamente una situación, en particular una desafiante, requiere tiempo y espacio. Una manera poderosa de crear ese espacio es nombrar lo que estás sintiendo.

En una serie de estudios realizados en la Universidad de California en Los Ángeles (UCLA), los investigadores sometieron a los participantes a situaciones no planeadas y estresantes, como dar un discurso improvisado frente a extraños. A la mitad de los participantes se les pidió que identificaran y etiquetaran sus emociones. Por ejemplo: "Siento tensión en mi pecho", "Siento angustia en mi garganta" o "Siento calor en mis palmas". A la otra mitad no se les instruyó en absoluto. Los participantes que etiquetaron sus emociones, lo que los investigadores llaman *etiquetado afectivo*, tuvieron una menor activación fisiológica y menor actividad en la amígdala, la parte del cerebro asociada con la reacción (y la vía de la IRA). Quienes utilizaron el etiquetado afectivo también informaron sentirse más a gusto durante sus discursos. Es importante señalar que las personas que sintieron profundamente sus emociones, pero no las etiquetaron, experimentaron más angustia. En otras palabras, el acto de etiquetar es lo que crea espacio entre el estímulo y la respuesta.[20] El dicho común de "siente tus emociones" puede funcionar solo si también las nombras.

Sospecho que esto se debe a que, si simplemente experimentas lo que está ocurriendo, es probable que te involucres demasiado

---

[20] Matthew D. Lieberman *et al.*, "Poner los sentimientos en palabras: el etiquetado afectivo interrumpe la actividad de la amígdala en respuesta a los estímulos afectivos", *Psychological Science*, vol. 18, núm. 5, mayo, 2007, pp. 421-428, https://pubmed.ncbi.nlm.nih.gov/17576282.

en la experiencia, quizás incluso fusionándote con ella. Sentir profundamente ansiedad, desesperación o nerviosismo no es agradable. Pero al etiquetar tus emociones, te separas de ellas; llegas a *conocer* lo que estás experimentando en lugar de simplemente experimentarlo. A veces referido como *meta-conciencia*, este paso atrás en la percepción te brinda más libertad para procesar lo que está sucediendo.

La investigación sobre el etiquetado afectivo tiene menos de una década. Pero la idea se remonta a cientos de años atrás, a un concepto presente en la mitología y el folclore antiguos, llamado la *ley de los nombres*, el cual establece que conocer el verdadero nombre de algo (no solo el aproximado, sino el certero) te da poder sobre él. Por ejemplo, en el folclore escandinavo, las bestias mágicas podían ser derrotadas al pronunciar sus nombres verdaderos. La leyenda noruega de san Olaf relata cómo un santo fue coaccionado y capturado por un trol. La única forma en la que el santo pudo liberarse fue aprendiendo el verdadero nombre del trol.[21] En el ejemplo quizás más conocido el cuento de hadas alemán de Rumpelstiltskin, la protagonista debe regalar su primer hijo a un villano que solo renunciará a su reclamo bajo una condición: si ella puede adivinar su nombre verdadero. (*Spoiler*: es Rumpelstiltskin.)[22]

Quizás no debería sorprendernos, entonces, que en otro caso de convergencia entre la ciencia moderna y la sabiduría antigua, los investigadores de la UCLA también descubrieran que cuanto más preciso es el nombre que alguien da a una emoción (por ejemplo: anhelo en lugar de tristeza, o tensión en lugar de ansiedad) mejor puede responder tanto a la emoción como a la situación que la originó. Conocer el nombre de algo te da poder

---

[21] Francis James Child, *The English and Scottish Popular Ballads*, vol. 1, Nueva York: Dover Publications, 1965, pp. 95-96.

[22] Maria Tatar (ed.), *The Annotated Classic Fairy Tales*, Nueva York: W. W. Norton, 2002, p. 128.

168　　　　　EL PODER DE ADAPTARSE

sobre ello, y cuanto más preciso y *verdadero* sea el nombre, más poder tendrás. Con ese poder adicional viene espacio adicional, y con espacio adicional, viene una mayor autonomía y autoeficacia para responder en lugar de reaccionar.

Procesar y planificar

Una vez que hayas nombrado la emoción y creado espacio entre tú y la situación que la originó, lo siguiente es procesar y hacer un plan. Una serie de estrategias psicológicas concretas te pueden ayudar. La primera es practicar lo que la profesora de meditación Michele McDonald llama RAIN: *reconocer* lo que está sucediendo; *aceptar* que la vida es tal como es; *interesarte* e indagar en tu experiencia interior con amabilidad y curiosidad; y *no identificarte* con tu experiencia, viéndola desde una perspectiva más amplia.[23] Cuando te alejas y ves las situaciones desde un punto de vista más amplio, tu capacidad para manejarlas de forma hábil y receptiva mejora. La investigación muestra que esto es cierto para todo, desde el dolor físico hasta el dolor emocional, la tensión social y la toma de decisiones difíciles.[24] A continuación, te presento algunas formas de cultivar este tipo de perspectiva más amplia.

---

[23] Tara Brach, "¿Te sientes abrumado? Recuerda RAIN", *Mindful*, 7 de febrero de 2019, https://www.mindful.org/tara-brach-rain-mindfulness-practice.

[24] D. M. Perlman *et al.*, "Efectos diferenciales de dos prácticas de meditación sobre la intensidad y lo desagradable del dolor", *Emotion*, vol. 10, núm. 1, febrero, 2010, pp. 65-71, doi:10.1037/a0018440; Centro de Mindfulness UMass Memorial, sitio web consultado el 12 de octubre de 2022, https://www.umassmed.edu/cfm/research/publications; Philippe R. Goldin y James J. Gross, "Efectos de la reducción de estrés basada en *mindfulness* (MBSR) en la regulación emocional del trastorno de ansiedad social", *Emotion*, vol. 10, núm. 1, febrero, 2010, pp. 83-91, doi:10.1037/a0018441; e Igor Grossmann y Ethan Kross, "Explorando la paradoja de Salomón: el autodistanciamiento elimina la asimetría en el razonamiento sabio sobre relaciones cercanas en adultos jóvenes y mayores", *Psychological Science*, vol. 25, núm. 8, agosto, 2014, pp. 1571-1580, doi:10.1177/0956797614535400.

Cuando te enfrentes a la incertidumbre y al cambio, imagina que un amigo o colega está en la misma situación que tú. Visualiza que él está pasando por lo que tú estás pasando. ¿Cómo verías a ese amigo? ¿Qué consejo le darías? Los estudios de la Universidad de Berkeley, en California, muestran que este método ayuda a las personas a ver con claridad y sabiduría todo tipo de circunstancias, en especial aquellas que consideran importantes.[25] También puedes imaginar una versión más vieja y sabia de ti mismo, quizás 10, 20 o incluso 30 años en el futuro. Tal vez tu *yo* futuro está sentado en una acogedora biblioteca tomando *bourbon* o té. O tal vez tienes a tus nietos o amigos de toda la vida contigo. ¿Qué consejo te daría tu *yo* futuro, más viejo y sabio, a tu *yo* actual? ¿Cómo sería seguir ese consejo ahora mismo?

Las estrategias anteriores se engloban en lo que los psicólogos llaman *autodistanciamiento*. Su propósito es crear un espacio mental de recogimiento para que puedas ver con claridad lo que está sucediendo (*procesar*) e idear acciones posteriores (*planificar*). Además de ser beneficiosos en momentos en que las vías de la BÚSQUEDA y la IRA compiten por el control, estos ejercicios también son útiles a largo plazo. Cada vez que te distancias, cultivas el *zanshin* y una perspectiva más amplia, más sólida y más duradera que tu experiencia momentánea, siempre cambiante. Como tal, fortaleces la autoeficacia y la autoconfianza, que, como aprendimos anteriormente, facilitan que te sientas cómodo con el cambio. Todos estos conceptos (*zanshin*, autoeficacia, respuesta, BÚSQUEDA, etiquetado afectivo y autodistanciamiento) trabajan juntos para reforzar acciones robustas y flexibles.

---

[25] Özlem Ayduk y Ethan Kross, "Desde la distancia: implicaciones del autodistanciamiento espontáneo para la autorreflexión adaptativa", *Journal of Personality and Social Psychology*, vol. 98, núm. 5, mayo, 2010, pp. 809-829, https://www.ncbi.nlm.nih.gov/pmc/articles/PMC2881638.

170 EL PODER DE ADAPTARSE

La meditación también puede ayudarte a desarrollar la capacidad de responder en lugar de reaccionar. A diferencia de las representaciones comunes en Occidente, la meditación no es para alcanzar un estado relajado y lleno de dicha, sino para aprender a vivir con diversos pensamientos, sentimientos y sensaciones sin reaccionar a ellos. Cada vez que surge algo que te inclina a reaccionar (cada comezón, ya sea física o psicológica, que deseas desesperadamente rascar), aprende a estar con ello. Con el tiempo, desarrollas una actitud de curiosidad hacia lo que la vida te presenta, tanto si te encuentras sobre el cojín de meditación como fuera de él. Puedes estar, observar e interesarte en las cosas en lugar de reaccionar de inmediato. Al meditar, también desarrollas compasión por ti y por los demás, dándote cuenta de lo difícil que puede ser mantener una cierta ecuanimidad en medio del torrente de pensamientos, sentimientos y deseos que ocurren durante solo 15 minutos de meditación formal, y mucho más, a lo largo de una vida de décadas. La meditación también te ayuda a no tomar siempre a tu *yo* convencional demasiado en serio. Apoya tu ascenso por la escala del desarrollo del ego de Loevinger, fortaleciendo el *yo* que puede reírse de sí mismo y, quizás, incluso dejarlo ir.

Otra forma de procesar y planificar en medio de la incertidumbre es experimentar asombro, ya sea pasando tiempo en la naturaleza, escuchando música conmovedora, observando dibujos y pinturas estimulantes, o de muchas otras maneras. Si reaccionar y la vía asociada con la IRA representan, como escribió Aldous Huxley, una *válvula reductora* de la conciencia, entonces el asombro nos ayuda a abrirnos de nuevo.[26] Dacher Keltner, profesor de psicología en la Universidad de Berkeley, en California, ha

---

[26] "El 'valor cerebral reductor' de Aldous Huxley", en Link R. Swanson, "Unifying Theories of Psychedelic Drug Effects", *Frontiers in Pharmacology*, vol. 9, 2018, https://www.researchgate.net/figure/Aldous-Huxleys-cerebral-reducing-valve-on-the-inlet-right-side-of-the-cerebral_fig1_323345114.

RESPONDER, NO REACCIONAR

demostrado que el asombro está directamente relacionado con sentimientos de amplitud.[27] El asombro no solo mejora la forma en que percibimos y pensamos, sino que también mejora nuestra biología. Según un estudio de 2015 publicado en la revista *Emotion*, el asombro, más que cualquier otra sensación, está vinculado a niveles más bajos de una molécula llamada interleucina-6, que se asocia con el estrés y la inflamación.[28]

Desafortunadamente, estamos cada vez más privados de asombro. "Los adultos pasan más tiempo trabajando y desplazándose, y menos tiempo al aire libre y con otras personas", escribe Keltner en un ensayo de 2016.[29] Añade que nos hemos vuelto "más individualistas, más narcisistas, más materialistas y estamos menos conectados con los demás". ¿Es realmente una sorpresa, entonces, que tantos de nosotros tengamos dificultades para responder en lugar de reaccionar? Si nunca nos damos la oportunidad de crear espacio en circunstancias estructuradas, ¿cómo podemos esperar crear espacio en las no estructuradas? Si el argumento de Keltner es correcto (lo cual creo que es así), entonces una caminata semanal en la naturaleza hace maravillas para nuestra capacidad de responder en lugar de reaccionar en nuestra vida diaria. He experimentado esto de primera mano. Cuando estoy luchando por enfrentar un gran cambio o alguna incertidumbre subyacente, no hay nada como una larga caminata al aire libre para ayudarme a procesar más hábilmente lo que está sucediendo y hacer planes subsecuentes.

---

[27] Jennifer E. Stellar *et al.*, "Asombro y humildad", *Journal of Personality and Social Psychology*, vol. 114, núm. 2, febrero, 2018, pp. 258-269, https://sites.lsa.umich.edu/whirl/wp-content/uploads/sites/792/2020/08/2018-Awe-and-Humility.pdf.

[28] Jennifer E. Stellar *et al.*, "Afecto positivo y marcadores de inflamación: las emociones positivas discretas predicen niveles más bajos de citoquinas inflamatorias", *Emotion*, vol. 15, núm. 2, abril, 2015, pp. 129-133, https://www.ncbi.nlm.nih.gov/pubmed/25603133.

[29] Dacher Keltner, "¿Por qué sentimos asombro?", *Mind & Body*, 10 de mayo de 2016, https://greatergood.berkeley.edu/article/item/why_do_we_feel_awe.

Proceder

Cuando los investigadores colocan ratones en un laberinto y miden lo que sucede en sus cerebros al lograr microobjetivos en el camino hacia metas distantes (por ejemplo, hacer un giro correcto), descubren que el cerebro de los ratones libera dopamina, el neuroquímico asociado con la motivación, el impulso y el camino de la BÚSQUEDA. Pero cuando se les administra un compuesto que bloquea completamente la producción de dopamina, los ratones se vuelven apáticos y se rinden.[30] Aunque estos estudios no se pueden replicar de manera segura en humanos, los científicos especulan que operamos de la misma manera. La neuroquímica del progreso nos predispone a persistir.

Es mucho más fácil empezar en modo de reacción que en modo de respuesta. Esto se debe a que reaccionar es instintivo. Simplemente lo haces. El problema, como señalé, es que *simplemente hacer* no siempre da lugar a los pasos siguientes. Cuando respondes, te das el tiempo y el espacio para avanzar de manera más reflexiva. El problema es que también te das tiempo y espacio para cuestionar cualquier enfoque que hayas ideado, y puedes caer con facilidad en la parálisis por análisis o duda.

El mejor antídoto para estas fricciones es considerar tus acciones como experimentos. En el momento, no existe una decisión correcta o incorrecta, siempre y cuando la hayas tomado con deliberación. Si en retrospectiva tus acciones fueron útiles, continúas por el mismo camino. Si no fueron adecuadas, ajustas el rumbo, quizás repitiendo las primeras 3P (*pausar, procesar* y *planificar*) antes de proceder nuevamente. Cada vez que pasas por este ciclo, fortaleces tu senda de la BÚSQUEDA, disminuyes tu

---

[30] Yukiori Goto y Anthony A. Grace, "Modulación dopaminérgica del impulso límbico y cortical del núcleo *accumbens* en el comportamiento dirigido a objetivos", *Nature Neuroscience*, vol. 8, núm. 6, junio, 2005, pp. 805-812, http://www.nature.com/neuro/journal/v8/n6/full/nn1471.html.

camino de la IRA, y así te preparas para convertirte en el tipo de persona (o de organización) que enfrenta el cambio y el desorden respondiendo en lugar de reaccionando. La investigación sobre los temas de mejora continua en diversos campos muestra que pasar por ciclos como las 4P ofrece mejores resultados durante periodos de cambio y desorden.[31]

El medio es el mensaje

En 1964, el teórico canadiense de la comunicación Marshall McLuhan comenzó su libro *Comprender los medios de comunicación. Las extensiones del ser humano* con esta frase: "El medio es el mensaje". Luego explicó que "las consecuencias personales y sociales de cualquier medio (es decir, de cualquier extensión de nosotros mismos) resultan de la nueva escala que se introduce en nuestros asuntos por cada extensión de nosotros mismos, o por cualquier nueva tecnología".[32] En términos sencillos: cuanto más usamos o consumimos un medio tecnológico determinado, más llegamos a representarlo en nuestras acciones; o, desafortunadamente en la época actual, en nuestras reacciones.

Dos de los lugares más populares a los que recurrimos para obtener información en medio del cambio y el desorden son las redes sociales y las noticias de televisión por paga. Aunque ambos medios pueden ser efectivos para noticias de última hora (es decir, para decirnos rápidamente que ha pasado tal o cual cosa), su valor más allá de eso es cuestionable en el mejor de los casos. En lugar de un análisis lento, deliberado y reflexivo, las redes

---

[31] "¿Qué es el ciclo *Plan-Do-Check-Act* (PDCA)?," ASQ, consultado el 12 de octubre de 2022, https://asq.org/quality-resources/pdca-cycle.

[32] Marshall McLuhan, *Understanding Media: The Extensions of Man*, capítulo 1, Cambridge, Massachusetts: The MIT Press, 1964, recuperado de CreateSpace, 2016, https://web.mit.edu/allanmc/www/mcluhan.mediummessage.pdf.

sociales y las noticias por cable están dominadas por opiniones descontextualizadas y personas gritándose unas a otras, o, peor, gritando al vacío. (Quizás esto sea en realidad mejor; no lo sé.) Casi todo sobre las redes sociales y las noticias por cable nos enseña a reaccionar en lugar de responder. En estas últimas, los temas matizados e importantes tienen unos pocos minutos, como máximo, antes de que el programa pase a lo siguiente. Durante esos breves segmentos, es común que se invite a comentaristas que han sido seleccionados precisamente por su probabilidad de generar drama y enojo. En las redes sociales, mientras tanto, a los comentaristas se les da un número limitado de caracteres para hacer un punto. Además, las investigaciones muestran que los dos factores que más contribuyen a la probabilidad de que una publicación se vuelva viral son la velocidad con la que se publica y la cantidad de indignación que despierta.[33] La reactividad se incentiva y se recompensa.

La ciencia del cerebro muestra que las neuronas que se activan juntas se conectan juntas. Cuanto más te involucres en ciertos patrones de pensamiento, sentimiento y acción, más fuertes se vuelven esos patrones. Es difícil pensar en dos mejores lugares para activar la senda de la IRA que las redes sociales y las noticias por cable. Si el medio es el mensaje, entonces estos dos medios envían un mensaje rotundo de impulsos reactivos. Afortunadamente, hay muchos otros medios que construyen la capacidad de responder en lugar de reaccionar. Algunos ejemplos incluyen leer un libro, tener una conversación sin distracciones con personas a las que respetas o, si vas a estar en internet, leer escritos más extensos y no dejarte llevar por tonterías al subir tus publicaciones en redes sociales.

---

[33] Jonathan Haidt, "Por qué los últimos 10 años de vida americana han sido singularmente estúpidos", *The Atlantic*, 11 de abril de 2022, https://www.theatlantic.com/magazine/archive/2022/05/social-media-democracy-trust-babel/629369.

Vale la pena reiterar que no hay nada inherentemente malo en enterarse de las noticias mediante las redes sociales o en la televisión por cable, siempre y cuando verifiques la integridad de las fuentes; pero más allá de eso, esperar de estos medios un *análisis* es incluso perjudicial. El desafío es que estos medios están intencionalmente diseñados para atraernos, pues monetizar nuestra atención es su objetivo principal. La heurística de las 2P versus las 4P ayuda. Siempre puedes preguntarte: "¿Este medio incentiva el pánico y los puñetazos o me anima a pausar, procesar, planificar y proceder?".

Si estás nadando en un mar de reactividad, es inevitable que te conviertas en una persona reactiva. Sin embargo, si te rodeas de respuestas, entonces es probable que también te conviertas en ese tipo de persona. Esto es cierto no solo a nivel individual, sino también a nivel comunitario.

En este capítulo discutimos cómo la flexibilidad robusta requiere un compromiso reflexivo con las mareas siempre cambiantes de la vida. Aprendimos sobre la diferencia entre las cosas que no puedes controlar y las que sí puedes. Exploramos los beneficios de centrarse en estas últimas y cómo una técnica de conciencia más amplia llamada *zanshin* puede ayudarte a responder al cambio y al desorden de manera hábil y deliberada en lugar de reaccionar impulsiva y automáticamente. Examinamos, desde el punto de vista de la neurociencia, qué es responder y reaccionar, cómo los caminos de la BÚSQUEDA y la IRA compiten por recursos y cómo al activar el primero disminuimos el segundo. También aprendimos que cuando el camino de la IRA está agotado, el resultado puede ser la desesperanza o la depresión; en estos casos, actuar puede ser más poderoso que intentar pensar en un nuevo estado mental. Detallamos un método basado en evidencia para responder al cambio y al desorden, y para fortalecer la autoeficacia —las 4P (*pausar, procesar, planificar y proceder*)—;

y aprendimos herramientas concretas para cada elemento de la progresión. Finalmente, discutimos cómo los medios a través de los cuales consumimos información sobre cambio y desorden moldean si respondemos o reaccionamos en nuestras propias vidas. Si queremos ser el tipo de personas que responden hábilmente al cambio y las dificultades, deberíamos pasar más tiempo involucrándonos en medios más lentos, responsables y que promueven la discreción y el discernimiento, y menos tiempo con medios rápidos y reactivos.

Terminemos este capítulo con una verdad incómoda, aunque en el próximo proporcionaré algo de consuelo. Nos guste o no, a veces el cambio y el desorden nos sacuden hasta nuestras raíces, y más allá. Hay circunstancias en las que podemos hacer todo lo discutido en este libro y, aun así, sentirnos desanimados, deprimidos, agotados y carentes de crecimiento y significado. Quizás estemos enfrentando algo tan grande y abrumador que hay poco que podamos controlar (o al menos así parece al principio) y, por lo tanto, incluso responder hábilmente se siente inútil. En uno u otro momento, todos atravesamos estos periodos oscuros. Son partes inevitables de la experiencia humana.

El próximo capítulo trata sobre qué hacer cuando estas inevitabilidades llegan a nuestras vidas, cuando nos encontramos en la infame selva oscura del poeta Dante Alighieri, "donde se pierde la senda directa", donde es difícil "hablar de cuán salvaje, áspera e impenetrable es esa selva". En estas circunstancias, intentar darle sentido a lo que está sucediendo a menudo resulta contraproducente. A veces, el trabajo de la flexibilidad robusta es simplemente presentarse y superar la situación. El significado y el crecimiento no pueden ser forzados. Deben llegar a su propio ritmo. Afortunadamente, como veremos en las próximas páginas, si podemos aprender a salirnos de nuestro propio camino, el significado y el crecimiento casi siempre llegan.

Responde, no reacciones

- Durante periodos de cambio y desorden, separa lo que no puedes controlar de lo que sí puedes, y luego enfócate en esto último mientras intentas no desperdiciar tiempo y energía en lo primero.
- Obsesionarte con un camino o resultado específicos a menudo produce resultados menos óptimos; en cambio, trabaja en desarrollar la técnica *zanshin*, para una conciencia más amplia, curiosa e inclusiva.
- La mejor manera de cambiar la vía de la IRA y reaccionar a la vía de la BÚSQUEDA es practicando las 4P:

  → *Pausa* para etiquetar tus emociones.
  → *Procesa* la situación practicando la no identificación: observa lo que sucede desde una perspectiva distante.
  → *Planifica* al distanciarte de ti mismo y gana una perspectiva aún mayor al evaluar tus opciones.
  → *Procede* en micropasos; toma cada uno como un experimento y haz ajustes conforme avanzas.

- Si te acostumbras a responder en lugar de reaccionar, desarrollas lo que los psicólogos llaman *autoeficacia*, una confianza segura, basada en la creencia fundamentada de que eres capaz de hacerte cargo y tomar acciones deliberadas durante el cambio y las dificultades. Cuanta más autoeficacia desarrolles, menos amenazantes se volverán el cambio y el desorden.
- Los medios a través de los cuales consumes información moldean tu temperamento; prioriza aquellos que fomentan la respuesta y evita los reactivos. Tu salud, y quizás también la de la sociedad, depende de ello.

CAPÍTULO 6

CREAR SIGNIFICADO
Y AVANZAR

En 2017, fui sorprendido por el brusco inicio del trastorno obsesivo-compulsivo (TOC) y una depresión secundaria. El TOC es una enfermedad malentendida y a menudo debilitante. Lejos de ser una tendencia a estar meticulosamente organizado o a verificar dos veces que la puerta esté cerrada o que la tostadora esté desenchufada, el TOC clínico se caracteriza por pensamientos y sentimientos intrusivos que dominan tu vida, hundiendo tu estado de ánimo y distorsionando tu sentido de ti mismo. Pasas cada hora tratando de descifrar qué significan y cómo hacer que disminuyan, solo para que vuelvan más fuertes y de manera más violenta. Provocan descargas electrizantes de ansiedad de la cabeza a los pies. Intentas compulsivamente distraerte de ellos, pero siempre están acechando en el fondo, explotando cualquier espacio libre en tu día, como una pestaña que nunca puedes minimizar, y mucho menos cerrar, en la pantalla de la computadora. Te acuestas con pensamientos y sentimientos intrusivos reptando por tu mente y cuerpo, y te despiertas de la misma manera. Están ahí cuando comes. Están ahí cuando trabajas. Están ahí cuando intentas estar presente para tu familia. Incluso están ahí cuando duermes, atormentando tus sueños. Los pensamientos y sentimientos intrusivos son tan persistentes que comienzas a preguntarte si podrías llegar a creer en ellos. Una espiral caótica e interminable de dolor y terror: esa fue mi realidad cotidiana durante la mayor parte de un año entero, antes de comenzar a notar los efectos positivos de la terapia y otras prácticas que han cambiado mi trabajo y mi vida para mejor.[1]

Antes del inicio del TOC, era, y en gran medida todavía soy, una persona optimista, orientada al crecimiento y en busca de significado. Recuerdo claramente una sesión de terapia alrededor de cuatro meses después de mi diagnóstico. Aún estaba en un lugar oscuro. Le dije a mi terapeuta Brooke que una parte de lo que me causaba angustia era que no podía ver cómo lo que estaba atravesando podría tener algún significado o resultar en algún crecimiento. Todo parecía tan inútil; dolor sin propósito, sin lección que aprender. Mi experiencia contrastaba marcadamente con los libros de psicología y desarrollo personal que había leído en el pasado, los cuales transmiten a los lectores la importancia de encontrar un sentido incluso, y quizás especialmente, en las profundidades de la oscuridad. Supuse que ese era el manual. El crecimiento proviene de la lucha, ¿verdad? Pero no podía ver cómo el TOC estaba relacionado con algún tipo de propósito; si acaso, me hacía sentir que no tenía ninguno. Compartí todo esto con Brooke, quien ha experimentado episodios de depresión en carne propia. Sus ojos se pusieron ligeramente llorosos mientras me decía: "No todo tiene que ser significativo y no tienes que crecer a partir de ello. ¿Por qué lo que estás experimentando ahora tiene que tener algún propósito mayor? ¿Por qué no puede ser simplemente malo?".

Adoptar una mentalidad de crecimiento y construir un fuerte sentido de significado y propósito en la vida es indiscutiblemente saludable. Estas actitudes sirven como base para el bienestar y la excelencia sostenible en lo que sea que hagas (criar hijos, ser médico, escribir, enseñar o iniciar una empresa).

---

[1] Para aquellos que quieren saber más sobre el TOC, discuto mi experiencia con más detalle en mi libro anterior, *Máxima conexión: Groundedness*. Para nuestro propósito aquí, el punto es que el TOC es una experiencia agonizante y absolutamente horrible.

CREAR SIGNIFICADO Y AVANZAR   **181**

Sin embargo, hay momentos en los que la vida te lanza curvas inesperadas que hacen que estas cualidades simplemente no sean plausibles, al menos no en el momento (más sobre esto a continuación). "Esas habitaciones que en nuestra mansión psíquica común etiquetamos como depresión, pérdida, duelo, adicción, ansiedad, envidia, vergüenza y similares", escribe el psicoterapeuta James Hollis, "constituyen nuestra humanidad. La ansiedad nos arrasa, porque el hecho de que estamos fuera de control es innegable".[2]

Durante estas experiencias angustiosas, intentar forzar el crecimiento, el significado y el propósito puede empeorar lo que estás atravesando. No solo estás sufriendo, asustado o en duelo, sino que también corres el riesgo de autojuzgarte por la falta de algo valioso asociado con tu experiencia; de tomar una situación abrumadoramente negativa y convertirla sin querer en dos: la atrocidad por la que estás pasando y el hecho de que ni siquiera puedes hacer lo que te dicen los libros de autoayuda. Supongo que el peor infractor en esta categoría es la gratitud, que discutiré aquí porque es un ejemplo muy claro. Sin duda, practicar la gratitud es beneficioso en la mayoría de las circunstancias. Muchos estudios científicos lo respaldan. Pero intentar forzarte a escribir tres cosas por las que estás agradecido cuando acabas de ser despedido, estás en una profunda depresión o has sufrido la pérdida de un hijo o pareja no tiene sentido. Hay pocas cosas peores que decirle a una persona deprimida o en duelo: "¿Por qué no mejor reflexionas sobre todo lo que tienes que agradecer en este momento?".

Es una trampa. Cualidades como el crecimiento, el significado, el propósito y la gratitud son genuinamente beneficiosas, y hay valor en cultivarlas activamente. Pero también hay momentos en los que es útil liberarse de estas nociones por completo:

---

[2] James Hollis, *What Matters Most: Living a More Considered Life*, Nueva York: Avery, 2009, p. 147.

cuando buscarlas con tanto afán se convierte en algo contraproducente. Esta es una situación que hay que matizar.

Recientemente le pregunté a Brooke si recordaba la sesión durante la cual me dio permiso para dejar de buscar significado y crecimiento, y, de ser así, qué la llevó a ese consejo. "Parte de lo que influyó en lo que dije en ese momento fue mi experiencia tratando (en vano, a veces) de ayudar a otras personas a encontrar significado en sus experiencias dolorosas", me dijo. "A veces puede ser útil, pero otras veces no lo es, especialmente si estás tratando de imponerlo o inventarlo. Encontrar significado y darte cuenta del crecimiento puede ser un proceso más largo, uno que se desarrolla en escalas de tiempo impredecibles".

Algunos ciclos de orden, desorden y reordenamiento conducirán rápidamente a un crecimiento observable y a sentimientos de significado. Pero esto no debe confundirse con una necesidad constante de mejorar a través de cada una de las sorpresas de la vida. A veces, el reordenamiento significa ubicarse en el contexto de cambios particularmente desafiantes y pasar, poco a poco, a la estabilidad sin ningún beneficio inmediato o valor discernible. Con el tiempo, tendemos a encontrar significado y crecer a partir de estos eventos. Pero, en el momento, ser pacientes y amables con nosotros mismos es el mejor, y quizás el único, curso a seguir.

El significado y el crecimiento emergen a su propio ritmo

Así como nuestros cuerpos desarrollan un sistema inmunológico para defenderse y recuperarse de enfermedades y lesiones, también lo hacen nuestras mentes, y ambos operan de manera similar. Comencemos con un breve examen del cuerpo y nuestros sistemas inmunológicos biológicos. Las lesiones y dolencias menores

CREAR SIGNIFICADO Y AVANZAR

tienden a resolverse rápidamente, pero las graves tardan más en sanar, especialmente si tu sistema inmune no ha enfrentado algo similar. No puedes engañar a tu sistema: nada de lo que pienses, digas o hagas lo convencerá de que una herida profunda es un simple corte de papel, o que una infección por coronavirus es un resfriado familiar. Nuestros sistemas inmunes son construcciones extraordinarias, afinadas durante milenios de evolución. Su función central es mantenernos vivos y resilientes, ayudándonos a avanzar en medio de disrupciones biológicas inesperadas. Como tal, trabajan tan rápido y con tanta eficiencia como pueden. Sin embargo, a veces requieren periodos extendidos de tiempo para organizar una respuesta adecuada.

Lo mismo ocurre con nuestros *sistemas inmunológicos psicológicos*, un término acuñado por el psicólogo de Harvard Dan Gilbert. Nuestros sistemas inmunológicos psicológicos nos ayudan a filtrar y dar sentido a nuestras vidas. "Si experimentáramos el mundo tal como es, estaríamos demasiado deprimidos para levantarnos de la cama por la mañana; pero si experimentáramos el mundo tal como queremos que sea, estaríamos demasiado alucinados para encontrar nuestras pantuflas", escribe Gilbert. Cuando la vida no va como queremos, nuestros sistemas inmunológicos psicológicos están ahí para ayudarnos a enfrentarlo, sanar y seguir adelante. En gran medida, logran estos objetivos construyendo significado y crecimiento a partir de experiencias que de otro modo serían molestas. Al igual que con las heridas de nuestros sistemas inmunológicos biológicos, con los contratiempos psicológicos más pequeños y familiares nuestro sistema produce significado y crecimiento más rápidamente que con los mayores y desconocidos. La primera vez que un editor rechazó mi escrito me pareció una gran pérdida. Ahora, cuando eso sucede, estoy molesto durante un par de minutos antes de seguir con mi día, con la esperanza de haber aprendido algo del rechazo. Para cambios particularmente devastadores y sin precedentes (experiencias como la pérdida, la enfermedad y las crisis de identidad) el sistema inmunológico psicológico no funciona de inmediato. Se necesita tiempo para movilizar los recursos necesarios y brindar una respuesta lo suficientemente fuerte. En estas circunstancias, los intentos prematuros de generar una perspectiva positiva o de forzar el significado, el propósito y el crecimiento nos hacen sentir *peor*. "Estos intentos son tan endebles que nos hacen sentir sin valor alguno", escribe Gilbert.[3]

Por mucho que lo intentemos, no podemos engañar a nuestros sistemas inmunológicos psicológicos con ilusiones, más de lo que podemos engañar a los biológicos. El significado y el crecimiento emergen a su propio ritmo. Esto no significa que no haya ciertas estrategias que podemos elegir para alcanzar los resultados deseados. Las hay, y las examinaremos pronto. Pero, como aconsejó sabiamente Brooke, no podemos forzarlo. Intentar hacerlo es contraproducente.

Por qué parece que los momentos difíciles duran para siempre

El periodo de mi vida que defino vagamente como *estar en lo profundo del toc* duró alrededor de ocho meses. Durante ese tiempo, luchaba por tener más de dos días decentes seguidos, y con frecuencia sentía que eran solo dos horas decentes. Es una temporada de mi vida que parecía que iba a durar para siempre. Si avanzamos hasta hoy (más de seis años después), al mirar hacia atrás, esos ocho meses no parecen haber sido una temporada tan larga. Es más, la recuerdo como un fragmento de tiempo mucho más pequeño.

Mi experiencia es común. Las investigaciones demuestran que cuando estamos en medio de circunstancias difíciles

---

[3] Daniel Gilbert, *Stumbling Upon Happiness: Think You Know What Makes You Happy?*, Nueva York: Knopf, 2006, p. 191.

nuestra percepción del tiempo se ralentiza; pero, al recordarlas con algo de distancia, parece como si hubieran pasado bastante rápido. Esta distorsión del tiempo se debe a que, durante periodos oscuros e inciertos, cada minuto tiende a estar ocupado por una alta densidad de pensamientos y sentimientos angustiosos. Es lo opuesto a las experiencias de clímax o cuando *todo fluye*, durante las cuales el tiempo vuela porque estamos fluyendo, apenas pensando. Imagina la diferencia entre ver una película fotograma por fotograma o verla de corrido. En temporadas desafiantes, experimentamos nuestras vidas cuadro por cuadro, como una progresión lenta y descomprimida que no parece llevar a ninguna parte, y mucho menos estar construyendo una conclusión significativa. Pero, cuando miramos atrás, estos periodos desafiantes los recordamos como comprimidos y contextualizados. Como tal, no parecen tan devastadoramente largos, y es más fácil construirles narrativas coherentes y significativas.[4] Es el método de nuestros sistemas inmunológicos psicológicos para protegernos de recordar los periodos difíciles exactamente como ocurrieron, lo que haría agonizante pasar la página.

Un ejemplo extremo es el trastorno de estrés postraumático (TEPT). Una forma de conceptualizarlo es como un mal funcionamiento del sistema inmunológico psicológico. En lugar de procesar e integrar el trauma en una narrativa más amplia, atenuando efectivamente el impacto, los sistemas nerviosos de las personas con TEPT continúan reviviendo sus episodios aterradores con nitidez de detalles. Los síntomas comunes incluyen recuerdos espontáneos, pesadillas y ansiedad severa, así como pensamientos incontrolables sobre el evento traumático. Esto explica por qué muchas terapias basadas en evidencia para el TEPT ayudan

---

[4] Adrian Bejan, "Por qué los días parecen más cortos a medida que envejecemos", *European Review*, vol. 27, núm. 2, mayo, 2019, pp. 187-194, doi:10.1017/S1062798718000741.

a las personas a incorporar sus eventos traumáticos en una red más amplia de recuerdos y otras experiencias de vida.[5] Lo que hace que la recuperación sea tan desafiante es que los sistemas nerviosos de las personas con TEPT quedan atrapados en estados de hiperexcitación, lo cual exacerba la ralentización del tiempo y la persistencia de la ansiedad.

David Eagleman, profesor de neurociencia en la Universidad de Baylor, es uno de los principales expertos a nivel mundial en la percepción del tiempo. Él diferencia el tiempo del cerebro del tiempo del reloj, y sus ingeniosos experimentos muestran que mientras el último es objetivo, el primero es todo lo contrario. En un estudio fascinante, Eagleman llevó a los participantes al parque de entretenimiento Zero Gravity en Dallas, Texas. El parque, cerrado durante la pandemia de covid, albergaba quizás la atracción más aterradora del mundo: el SCAD, que significa "dispositivo suspendido de captura en el aire", por sus siglas en inglés. Los pasajeros son elevados a 150 pies en el aire; luego, se colocan en posición horizontal, paralelos al suelo, con la espalda hacia abajo y los ojos en dirección al cielo. El gancho se libera del cable y, en caída libre, con solo un cojín suave atado a la espalda, una red los atrapa. Todos los participantes en el estudio que probaron el SCAD calificaron la atracción como un 10 de 10 en la escala de miedo. Inmediatamente después de aterrizar, Eagleman preguntó a cada participante cuánto había durado su caída libre. En promedio, los participantes informaron que duró un 36% más de lo que realmente fue. Pero cuando Eagleman pidió a los participantes que observaran a otras personas montar

---

[5] "Trastorno de estrés postraumático (TEPT)", Clínica Mayo, 16 de julio de 2018, https://www.mayoclinic.org/diseases-conditions/post-traumatic-stress-disorder/symptoms-causes/syc-20355967.

el SCAD y estimaran cuánto duraban esas caídas, sus estimaciones fueron sorprendentemente precisas.[6] Solo cuando los participantes se encontraban en un estado de alta excitación y ansiedad, es decir, durante y justo después de sus caídas, sentían que el tiempo se ralentizaba.

El trabajo de Eagleman demuestra, en parte, por qué todo parece alargarse durante periodos particularmente difíciles de desorden. Aunque quizás no de manera tan aguda como una caída de SCAD, los grandes cambios nos ponen en alerta máxima y en estados de hiperexcitación. Identificar cuándo esto sucede y ser paciente con nosotros mismos es clave.

Hay una razón por la cual los abogados en los juicios redactan y revisan meticulosamente sus argumentos finales. Son la última declaración que los jurados escucharán antes de tomar una decisión, lo que a su vez significa que esas afirmaciones tendrán un impacto desproporcionado en la decisión. Es la misma razón por la que, si alguien acaba de tener una discusión con su pareja, incluso si es un profesional del boliche, probablemente interpretará la frase "No cruces la línea" como "No sigas insistiendo".

El *sesgo de inmediatez* dice que un factor significativo de la forma en la que interpretamos los eventos es lo que ocurrió más recientemente.[7] Dado que los eventos recientes tienen tanto poder en nuestras mentes, asumimos que la manera como nos sentimos ahora también será la manera como nos sentiremos en el futuro. Pero estas suposiciones casi siempre son erróneas porque

---

[6] Chess Stetson, Matthew P. Fiesta y David M. Eagleman, "¿Realmente el tiempo se hace más lento durante un evento aterrador?", *PloS One*, vol. 2, núm. 12, 2007, p. e1295, https://journals.plos.org/plosone/article?id=10.1371/journal.pone.0001295.

[7] Gilbert, *Stumbling Upon Happiness*, pp. 170-73.

no tienen en cuenta el poder de nuestros sistemas inmunológicos psicológicos. Con el tiempo, los estímulos objetivos (es decir, lo que está sucediendo en este momento, así como nuestros pensamientos y sentimientos asociados) se filtran en la memoria subjetiva y se entrelazan en nuestras narrativas personales. Estas narrativas casi siempre tienen un elemento de crecimiento y significado. Si nuestras pruebas y tribulaciones más graves no adquirieran significados, la vida sería demasiado dolorosa y todos seríamos nihilistas.

Combina el funcionamiento del tiempo cerebral, el sesgo de inmediatez y nuestros sistemas inmunológicos psicológicos, y esto es lo que obtienes: los cambios que desencadenan excitación o emociones negativas intensas como la depresión, la ansiedad, la pérdida o el duelo pueden parecer completamente inútiles y como si duraran para siempre, de igual forma mientras los estamos experimentando como poco después. Pero unos días, meses y, en algunos casos, años después, tendemos a reflexionar que estas experiencias entrañaron al menos algún grado de significado y crecimiento en nuestras vidas. Cuanto más difícil es el cambio, más tiempo y espacio suele requerir. Por lo tanto, es vital recordar que, aunque pueda parecer que estás atrapado en una situación difícil y que el futuro está condenado, rara vez, si es que existe alguna, es así. Nuestras percepciones y nuestra capacidad para hacer predicciones precisas sobre lo que sucederá en el futuro están distorsionadas.

En una serie de estudios, investigadores de la Universidad de Harvard (incluido Dan Gilbert) y de la Universidad de Virginia se propusieron investigar qué tan bien las personas predicen cómo se sentirán en el futuro con respecto a las dificultades actuales. Pidieron a los participantes que estaban atravesando desafíos significativos (por ejemplo, un divorcio, un despido o la pérdida de un padre) que estimaran su satisfacción con la vida, felicidad y bienestar entre unos pocos meses y algunos años más adelante. Su conclusión fue: "Nuestra capacidad para imaginar el futuro y prever la transformación que los eventos

CREAR SIGNIFICADO Y AVANZAR

sufrirán a medida que los cuestionamos y explicamos es limitada... A menudo presentamos un sesgo de impacto, sobreestimando la intensidad y la duración de nuestras reacciones emocionales a tales eventos".[8]

Los investigadores afirmaron que las personas "no logran anticipar con qué rapidez darán sentido a las cosas que les suceden de manera que se acelere su recuperación emocional. Esto es especialmente cierto al predecir reacciones a eventos negativos".[9] Cualquiera que haya sido abandonado por una pareja seria o haya perdido un empleo lo sabe de primera mano. Los primeros días, semanas y quizás meses son terribles. Pero una década después, la mayoría de las personas se cuentan a sí mismas una historia sobre la ruptura o el despido que asegura que fue para bien o, al menos, no tan malo. En el *Tao Te Ching*, publicado en el 400 a. C., Lao Tzu preguntó: "¿Tienes la paciencia para esperar a que el barro se asiente y el agua esté clara?". Cualquiera que sea la oscuridad que puedas estar enfrentando, quizás el conocimiento más importante al que aferrarse, incluso un poco, es que lo que parece durar para siempre no lo hará. Si esta perspectiva te da la fuerza para seguir adelante, entonces vale su peso en oro.

Hay mucho de verdad en el popular aforismo de que el tiempo lo cura todo. Pero rara vez es solo el tiempo. También es lo que haces con él. Hay una gran diferencia entre no hacer nada y tratar de forzar prematuramente el significado y el crecimiento.

---

[8] Daniel T. Gilbert, Erin Driver-Linn y Timothy D. Wilson, "El problema con Vronsky: sesgo de impacto en la predicción de estados afectivos futuros", en Lisa Feldman Barrett y Peter Salovey (eds.), *The Wisdom in Feeling: Psychological Processes in Emotional Intelligence*, Nueva York: Guilford Press, 2002.

[9] Timothy D. Wilson y Daniel T. Gilbert, "Predicción afectiva: saber qué querer", *Current Directions in Psychological Science*, vol. 14, núm. 3, junio, 2005, pp. 131-134, https://www.jstor.org/stable/20183006.

De dolor a propósito

Conocí a Jay Ashman por primera vez después de que leyó mi libro anterior, *Máxima conexión: Groundedness*. Me envió un correo electrónico refiriéndose a partes específicas del libro que le habían resonado. Incluyó en su nota que había "pasado por cosas difíciles". Respondí con gratitud por tomarse el tiempo para leer mi trabajo y contactarme. Unas semanas después, Jay me envió una nota más larga sobre sus luchas, particularmente en lo que respecta a su identidad. De nuevo, mencionó vagamente que había "pasado por cosas difíciles", esta vez aludiendo a haber "formado parte de una pandilla". Para entonces, yo estaba sumergido en el proceso de investigación y redacción para este libro, así que pensé que valdría la pena conocer un poco más sobre Jay y tal vez preguntarle si quería platicar. Cuando lo busqué en internet, parecía ser un tipo realmente impresionante: musculoso como Hulk, con tatuajes por todo el cuerpo, perforaciones en la nariz… ya te haces una idea. También supe que era propietario de un gimnasio exitoso en Kansas, Missouri. Por lo que pude averiguar, su gimnasio seguía un enfoque matizado y compasivo del entrenamiento de fuerza. No hace falta decir que todo esto despertó mi interés. Le envié un correo a Jay, preguntándole si estaría dispuesto a conversar, y él respondió de inmediato que sí.

Le pregunté sobre su pasado, particularmente sobre sus tiempos oscuros y su participación en la pandilla. Respondió en términos vagos. Le aseguré que lo último que quería era presionarlo para que compartiera algo con lo que no se sintiera cómodo, pero que, si quería abrirse más, sus palabras encontrarían oídos no críticos. Hizo una pausa y luego me dijo que solía ser un líder nacionalmente reconocido en el movimiento neonazi estadounidense. Pensé: "Ahh, entonces esa es la razón por la que escribía y hablaba en términos tan vagos". Rápidamente procesé la información, respiré hondo y le dije: "Jay, no te conozco bien, pero ahora tengo más respeto por ti que antes. Para salir de eso, debes ser tan fuerte por dentro como lo pareces por fuera". "No sé si sea cierto, pero ahora que ya pusimos el tema sobre la mesa, platiquemos", respondió.

Jay creció en Reading, Pensilvania, un pueblo obrero que, como tantos otros, sufrió por la reubicación de la industria manufacturera estadounidense. De niño, tenía una condición auditiva que requería el uso de audífonos, por lo que fue objeto de constantes burlas. Cuando tenía 15 años, su padre murió de cáncer. "Literalmente murió en mis brazos", me confesó. Cayó en una espiral de depresión y rabia, llenándose de furia y enojo. Por fortuna, canalizó esos sentimientos en el futbol americano, en donde pudo sobresalir y jugar en la Universidad de Lehigh. Pero al concluir la universidad, Jay recuerda: "No sabía quién era. No me sentía como si perteneciera a ningún lugar. Nunca me gustaron los deportistas de todos modos. Estaba realmente inseguro y enojado. Hice lo que hacen muchos jóvenes blancos heridos y enojados: me uní a los neonazis". Esto fue en 1996, cuando tenía 22 años.

Jay es un tipo carismático y enérgico. Es una persona grande y tiene una personalidad aún mayor. No es sorprendente que haya prosperado en el movimiento neonazi, ascendiendo meteóricamente en sus filas. Sin embargo, Jay me dijo que siempre tuvo cierta disonancia cognitiva. "Nos enseñaban a odiar a las personas negras y judías a la mala. Sin embargo, tenía amigos negros y escuchaba rap. No sabía mucho sobre los judíos, ciertamente no lo suficiente como para formarme algún tipo de opinión sobre un individuo, mucho menos sobre toda una etnia". Por mucho que le encantara la relevancia, el estatus y la aceptación por parte de otros neonazis, Jay recuerda que siempre había una pequeña parte de él que decía: "Vamos, hombre, ¿es esto realmente lo que quieres hacer? ¿Este eres tú?".

Seis años después de convertirse en un supremacista blanco, Jay estaba en un bar cuando un hombre negro se sentó a su lado. "Estaba usando mi camiseta neonazi. Usaba esas cosas en todas partes; era una especie de manta de seguridad", recordó Jay.

El hombre le preguntó: "¿Qué es eso en tu camiseta?".

"Se lo dije directamente", confiesa Jay. "Le dije que era un emblema de los neonazis". El hombre asintió y luego empezaron a conversar sobre todo tipo de temas. Más de una hora después, el hombre se levantó, miró a Jay a los ojos y le dijo: "Eres mejor que esa camiseta. Eres mejor de lo que piensas que eres".

Para entonces, la disonancia cognitiva de Jay había alcanzado su punto de ebullición. "Había visto y ejercido tanta violencia… Eso no era yo", dijo. Esa misma noche, Jay tiró todas sus camisetas neonazis y se dio de baja de Stormfront, el popular foro en internet de supremacistas blancos. "Ese hombre salvó mi vida", aseguró Jay. "Estaré eternamente agradecido por su fuerza, amabilidad, coraje y compasión".

Jay, entonces de 28 años, se mudó a la ciudad de Nueva York con el único propósito de encontrar un lugar donde pudiera mezclarse y desaparecer. Consiguió un trabajo como electricista y comenzó a ser entrenador personal de medio tiempo. La misma astucia, energía y carisma que lo habían elevado en el movimiento neonazi lo convirtieron en un gran entrenador, área donde encontró el éxito durante la siguiente década. "Por fuera, me veía genial. Estaba en forma, tenía una condición física óptima, entrenaba a atletas de alto nivel, ganaba dinero. Pero, por dentro, todavía no sabía quién demonios era. Aún estaba herido", me explicó.

"¿Cómo avanzar con todas las imágenes dolorosas en tu cabeza? Si no soy la misma persona que era, ¿entonces quién soy?". Estas eran las preguntas con las que Jay batallaba. Aunque se sentía atascado, seguía haciéndose cargo de su vida. Inició terapia. Se unió a un grupo de hombres. Se mantuvo ocupado. Comenzó a meditar y a abrirse a la espiritualidad de una manera que siempre había pensado que era una locura. Dio lo mejor de sí a sus clientes y a su propio entrenamiento. "No me sentía bien, pero simplemente seguía haciendo lo que tenía que hacer, un día a la vez", recordó.

En 2014, más de una década después de dejar el movimiento, Jay comenzó a ver algo de luz. "Tenía rachas de días buenos, en los que me sentía completo, y eso ya era algo", continuó. Se mudó a Kansas, abrió un gimnasio y comenzó a hacer nuevos amigos. En 2016, Jay observó que uno de los principales partidos políticos de Estados Unidos estaba siendo tomado por un movimiento de extrema derecha que le era demasiado familiar. "Escuché las palabras 'América primero' en las campañas políticas y supe exactamente lo que significaban. Era la misma mierda que solíamos decir", me dijo. Sintió que necesitaba hacer algo para contrarrestar el avance de la supremacía blanca en la cultura política de largo alcance. Comenzó a abrirse sobre su pasado y se volvió más activo políticamente.

Cuando hablamos en 2022, casi dos décadas después de que dejara a los neonazis, Jay estaba bien. "Si puedo educar a la gente ahora, puedo hacer mi pequeño aporte para detener la propagación del odio. Creo que esto es clave para mi sanación", me dijo. "Estoy comenzando a ver algo de significado en todo el dolor".

Las investigaciones muestran que los resultados más comunes del trauma son la resiliencia y el crecimiento.[10] Esto no pretende negar el dolor ni el sufrimiento, ni restar importancia a los horrores del TEPT. Es simplemente un hecho que la mayoría de las personas se recuperan y encuentran algún significado incluso después de haber descendido a las profundidades más oscuras. En 2010, investigadores del Colegio de Medicina de Wisconsin siguieron a 330 sobrevivientes de trauma a lo largo del tiempo, muchos de los cuales requirieron alguna cirugía en un centro de trauma nivel uno. Descubrieron que tan solo seis meses después de su evento

---

[10] George A. Bonanno, Courtney Rennicke y Sharon Dekel, "Automejoramiento entre sobrevivientes de alta exposición al ataque terrorista del 11 de septiembre: ¿resiliencia o desajuste social?", *Journal of Personality and Social Psychology*, vol. 88, núm. 6, junio, 2005, pp. 984-998, https://pubmed.ncbi.nlm.nih.gov/15982117.

traumático, la gran mayoría de los sobrevivientes ya estaban en lo que los investigadores llamaron una *trayectoria de resiliencia*, un camino de sanación y búsqueda de sentido. "Es bastante notable que un número tan grande de participantes reportara niveles tan bajos de gravedad de síntomas [psicosociales]", escriben los investigadores. También es interesante, pero nada sorprendente, dado lo que sabemos sobre el sistema inmunológico psicológico, que para muchos participantes los síntomas del TEPT aumentaron gradualmente hasta alcanzar su punto máximo a los tres meses, y solo entonces comenzaron a disminuir.[11]

No hay una trayectoria única para el proceso de significado y crecimiento. El trauma físico y el trauma emocional están entrelazados, pero también son diferentes. El estrés crónico es diferente del estrés agudo. La lesión debido a un asalto es diferente a la lesión por accidente. Es más fácil experimentar significado y crecimiento tras ser despedido que después de ser violado, pues algunos horrores verdaderamente carecen de sentido. E incluso así, cuando revisas los estudios publicados, hay un tema en común. La gran mayoría de las personas logran encontrar su significado y crecer a partir de la dificultad.[12] Cuanto más perturbador es el cambio en la vida de alguien, más tiempo tarda en desarrollarse ese proceso.

Lo que he intentado hacer hasta ahora en este capítulo es cuestionar la narrativa de que todo tiene que ser siempre significativo. Esto es falso. La flexibilidad robusta acepta que, en ocasiones,

---

[11] Terri A. deRoon-Cassini *et al.*, "Psicopatía y resiliencia tras lesiones traumáticas: un análisis del modelo de mezcla de crecimiento latente", *Rehabilitation Psychology*, vol. 55, núm. 1, febrero, 2010, pp. 1-11, doi:10.1037/a0018601.

[12] Richard G. Tedeschi y Lawrence G. Calhoun, "Crecimiento postraumático: fundamentos conceptuales y evidencia empírica", *Psychological Inquiry*, vol. 15, núm. 1, 2004, pp. 1-18, doi:10.1207/s15327965pli1501_01.

CREAR SIGNIFICADO Y AVANZAR

las cosas parecen inútiles y necesitamos darle a nuestro sistema inmunológico psicológico el tiempo que necesita para trabajar de manera efectiva. A veces toma días. A veces toma semanas. A veces, meses. A veces, años. Las siguientes secciones detallan algunas de las tácticas basadas en evidencia más importantes para superar estos periodos, ayudándonos a dar paso al significado y al crecimiento sin forzarlos prematuramente. Cada táctica se puede aplicar a una amplia variedad de cambios; y cada una ayuda tanto en nuestro procesamiento a corto como a largo plazo.

Humildad y los límites de "arreglar"

El psicoterapeuta James Hollis escribe que lo que hace que los cambios grandes y arduos sean tan difíciles es que "el hecho de que estamos fuera de control es innegable". Llega un punto en el que ninguna de nuestras estrategias anteriores funciona. Incluso si aceptamos lo que está ocurriendo, esperamos que sea difícil, nos concebimos de manera fluida y respondemos en lugar de reaccionar, eso no significa que siempre sabremos qué hacer. Cuando esto ocurre, a veces nuestra mejor opción es rendirnos. Esto no significa abandonar la vida o perder la esperanza. Pero sí significa que dejamos de intentar arreglar, resolver, controlar o incluso dar sentido a nuestras circunstancias.

No hay una fuente mayor de humildad, nada que minimice más al ego, que la rendición. Al principio esto puede parecer darse por vencido, pero a la larga es una de las acciones más productivas que podemos hacer. En mi propia experiencia con el TOC, solo cuando dejé cualquier atisbo de control, cualquier deseo de significado o crecimiento personal, fue que comencé a avanzar. Esa parte de mí que se aferraba a la idea de que de alguna manera podía concebir o moldear mi experiencia era también la parte de mí que me estaba reteniendo, y no solo en la recuperación del TOC, sino en muchos otros aspectos de mi vida. (Los neurocientíficos podrían decir que esa *parte* de mí está relacionada con el córtex cingulado posterior de mi cerebro, asunto al que regresaré más adelante.)

Cuando alguien se siente perdido o roto, explica la psiquiatra de Stanford Anna Lembke, está preparado para lo que ella llama el *giro espiritual fundamental*. "Es cuando podemos entregar [nuestro rumbo] a algo fuera de nosotros mismos. Puede adoptar muchas formas diferentes. Pero el punto clave es reconocer que no tenemos el control y que, cuando le pedimos al universo, por así decirlo, que nos guíe o nos ayude, esa simple reorientación cambia totalmente nuestra toma de decisiones, cambia muchas cosas sobre cómo procedemos en nuestras vidas". Lembke, una científica seria que se especializa en tratar a pacientes con trastornos graves de abuso de sustancias y adicciones conductuales, dice que cuando sus pacientes experimentan este giro espiritual fundamental, cuando levantan las manos y se ven obligados a buscar algo más grande que ellos mismos para recibir ayuda, encuentran un camino hacia adelante. "Hay un cambio total de juego cuando haces ese giro", explicó en el pódcast del *influencer* Rich Roll. "Y es asombroso las cosas buenas que surgen de esto".[13]

Muchas veces hablar de rendición se asocia con un poder superior o Dios, como es el caso de las versiones tradicionales de Alcohólicos Anónimos. Si eso funciona para ti y tu sistema de creencias, genial. Si no, entonces considera readaptar *poder superior* o Dios como algo que represente *el universo* o *fuerzas externas a ti mismo*. Una razón por la que este tipo de rendición es tan efectiva es que disminuye la actividad en una parte del cerebro llamada *córtex cingulado posterior* (CCP). El CCP es una región del cerebro asociada con el pensamiento autorreferencial, que es el término científico que se refiere a quedar atrapado en la propia

---

[13] "Anna Lembke sobre la neurociencia de la adicción: nuestra nación de dopamina", 23 de agosto de 2012, *Rich Roll*, video, 2:18:02, minutos 48-52, https://www.youtube.com/watch?v=jziP0CegvOw.

CREAR SIGNIFICADO Y AVANZAR

experiencia. Cuanta más actividad tiene alguien en el CCP, más probable es que se interponga en su propio camino. "Si tratamos de controlar una situación o nuestras vidas, tenemos que trabajar mucho para obtener los resultados que queremos", escribe el neurocientífico Judson Brewer. "En contraste, si nos relajamos y adoptamos una actitud que es más como un baile [con la vida], simplemente estando en la situación mientras esta se desarrolla, sin esfuerzo o lucha, dejaremos de obstaculizarnos a nosotros mismos".[14]

La rendición, y la humildad que ella conlleva, no solo nos ayuda a renunciar al control y a cesar los esfuerzos fútiles por forzar el crecimiento y el significado en situaciones caóticas. También nos prepara para pedir y recibir ayuda.

Pedir y recibir ayuda

En su trabajo sobre la alostasis, el neurocientífico Peter Sterling identificó un proceso de tres pasos que los sistemas atraviesan cuando se enfrentan a cambios significativos. Primero, intentan absorber el cambio y adaptarse usando *su propio rango dinámico*. Cuando eso no funciona, *piden prestados* recursos para adaptarse. Si el desorden sigue siendo persistentemente alto, entonces predicen una *nueva normalidad* y amplían gradualmente su propia capacidad. En otras palabras, pedir prestados recursos sirve como un puente para pasar del desorden al reordenamiento y la estabilidad en algún lugar nuevo. Cuando aplicamos esto a los desafíos en nuestras vidas, significa pedir y recibir ayuda mientras nuestros sistemas inmunológicos psicológicos amplían su capacidad. Cuando Jay Ashman tocó fondo y se sintió completamente

---

[14] Judson Brewer, *The Craving Mind: From Cigarettes to Smartphones to Love — Why We Get Hooked and How We Can Break Bad Habits*, New Haven, Connecticut: Yale University Press, 2017, p. 111.

perdido, buscó la asistencia de un terapeuta y se unió a un grupo de hombres.

Contrario a gran parte de lo escrito sobre el tema, la resiliencia no es solo un juego interno. La autoayuda rara vez es suficiente. Los estudios muestran que pedir y recibir ayuda es una de las características más predictivas de la resiliencia.[15] Como escribí en *Máxima conexión: Groundedness*, las raíces de las secuoyas (los enormes árboles que se elevan hasta 60 metros con troncos de más de tres metros de diámetro) se extienden solo de dos a cuatro metros de profundidad. En lugar de crecer hacia abajo, crecen hacia afuera, extendiéndose decenas de metros de manera lateral sobre la superficies, envolviéndose alrededor de las raíces de sus vecinos. Cuando llega el mal tiempo, esta red expansiva de raíces entrelazadas es la que sostiene la capacidad de los árboles para mantenerse fuertes como individuos. Nosotros somos iguales.

En el transcurso de tan solo un año, Nora McInerny perdió su segundo embarazo, así como a su padre y a su esposo, ambos por cáncer. A raíz de este sufrimiento inimaginable, se dio cuenta de que hay mucho que está roto en la forma en que la sociedad trata el duelo y a quienes están de luto. La pérdida de un ser querido es quizás la peor experiencia que cualquiera pueda vivir; pero, además de eso, las normas sociales provocan aislamiento. Nora quería combatir la vergüenza, el estigma, las expectativas poco

---

[15] Melanie A. Hom *et al.*, "Resiliencia y actitudes hacia buscar ayuda como correlatos del bienestar psicológico entre una muestra del personal de la Fuerza de Defensa de Nueva Zelanda", *Military Psychology*, vol. 32, núm. 4, 2020, pp. 329-340, https://www.tandfonline.com/doi/abs/10.1080/08995605.2020.1754148; y Allison Crowe, Paige Averett y J. Scott Glass, "Estigma de enfermedad mental, resiliencia psicológica y búsqueda de ayuda: ¿cómo se relacionan?", *Mental Health & Prevention*, vol. 4, núm. 2, junio, 2016, pp. 63-68, https://www.sciencedirect.com/science/article/abs/pii/S2212657015300222.

realistas y la soledad, que son parte natural de las experiencias de duelo de tantas personas, por lo que escribió libros sobre el tema y empezó a ofrecer recursos en su sitio web, además de comenzar un pódcast, *Terrible, Thanks for Asking*, en el que personas que sufren pérdidas y duelos severos pueden compartir sus historias. El pódcast funciona como una comunidad para las personas que atraviesan luchas similares en distintas partes del mundo.

"El duelo es una de esas cosas, como enamorarse, tener un bebé o ver *Los vigilantes* en HBO, donde no lo entiendes hasta que lo entiendes, hasta que lo vives", explica McInerny en su charla TED de 2018 sobre el tema, la cual ha sido vista más de seis millones de veces. Ella explica que nadie tendría por qué recorrer este camino solo, un principio que ha guiado todo su trabajo.

Las palabras de McInerny me recuerdan lo que pienso sobre la depresión. Estar deprimido es como estar a la orilla de un río que se ve exactamente igual del otro lado, pero se *siente* muy diferente. Las personas al otro lado te dicen: "Anímate", "Estarás bien, no te preocupes", "¡Todo el mundo se siente triste de vez en cuando!", pero nada de eso es útil. Lo que funciona es cuando alguien que ha pasado tiempo en tu lado del río salta a donde tú estás y se une a ti. Puedes pensar: "¿Qué está haciendo esa persona? ¡¿Por qué está viniendo aquí a este lugar conmigo?!"; pero te responde: "Vine aquí porque he estado en estas aguas antes y sé lo horribles que son". Procede a tomar tu mano y, si es posible, te ayuda a salir de ahí.

Ya sea que estés devastado debido a una pérdida terrible, o simplemente triste por el estado del mundo, o porque tu evento deportivo o tu presentación importante salió mal, pedir y recibir ayuda te empodera para mantener el conocimiento de que lo que sientes es real y que, si sigues intentándolo, avanzarás, incluso si eso se siente imposible en el momento. Quizás nada une más a las personas que el sufrimiento compartido. Una parte central de la razón por la que nuestra especie evolucionó para vivir en grupo es porque es casi imposible sobrevivir de otra manera. El dolor y el sufrimiento nunca son fáciles, pero son un poco menos duros cuando se comparten.

Simplicidad voluntaria

Para una serie de estudios publicados en la prestigiosa revista *Nature*, el académico interdisciplinario de la Universidad de Virginia Leidy Klotz y sus colegas presentaron a los participantes una serie de problemas sobre una amplia gama de temas. Estos incluían esquemas de diseño, ensayos, recetas, itinerarios de viaje, arquitectura e incluso agujeros de minigolf defectuosos. Pidieron a los participantes que hicieran cambios para mejorar cada uno. Lo que encontraron es que la gran mayoría de las personas tiende a pasar por alto la opción de restar partes. En cambio, asume inmediatamente que la mejor manera de avanzar es agregar, incluso cuando restar es claramente una mejor opción.[16] Cuando le pregunté a Klotz por qué es así, me dijo: "Una gran parte de nuestra cultura es tener más, hacer más y ser más, por lo que la gente asume que más siempre es la respuesta, pero no lo es".

El trabajo de Klotz me recuerda lo que el maestro de meditación Jon Kabat-Zinn llama *simplicidad voluntaria*, o elegir simplificar nuestras vidas eliminando el desorden, ya sea físico, psicológico o social. No nos damos cuenta de cuánto de nuestro estrés diario es consecuencia de tener demasiado que hacer y demasiado a lo que darle seguimiento, la mayor parte de lo cual no es valioso y mucho menos esencial. Especialmente cuando el mundo a nuestro alrededor se siente grande, confuso y abrumador, puede ser útil reducir, volviendo a lo pequeño y minimalista. Esto no significa que debamos cerrarnos por completo o

---

[16] Gabrielle S. Adams *et al.*, "Las personas pasan por alto sistemáticamente los cambios sustraídos", *Nature*, vol. 592, núm. 7853, abril, 2021, pp. 258-261, https://www.nature.com/articles/s41586-021-03380-y.

aislarnos. Más bien, debemos enfocarnos en lo que más importa, lo que nos da la oportunidad de sentirnos bien y persistir, y luego restar lo que podamos sin sentirnos mal al respecto. Dos de las mejores maneras de introducir la simplicidad voluntaria en nuestras vidas se logran a través de las rutinas y los rituales.

Las rutinas sirven como bases de previsibilidad, pues crean un sentido de orden en medio del desorden. También son útiles porque automatizan la acción, simplifican la vida al permitirte actuar y empezar cualquier cosa sin tener que gastar energía adicional, ya sea preparándote mentalmente o pensando en lo que deberías hacer. Como discutimos en el capítulo anterior, incluso las victorias más pequeñas (como escribir una frase, salir a correr un poco, tejer un solo recuadro de una manta, lavar una carga de ropa) liberan la dopamina neuroquímica que alimenta nuestro impulso para seguir adelante en lo que sea que estemos haciendo, y también con la vida misma.

La investigación muestra que la misma región cerebral que se activa con la cocaína (el estriado) también se activa con los logros.[17] Esto probablemente explica por qué tantas personas adormecen su dolor volcándose en el trabajo, a veces convirtiéndose en adictos a él. Quizás esto no sea lo ideal, pero ¿quién puede decirlo? Suponiendo que el trabajo sea significativo, hay desahogos mucho peores. Otro ejemplo es el deporte. Muchos corredores de ultramaratones están en recuperación. Tal vez hayan cambiado una adicción por otra, pero correr largas distancias tiende a ser mucho más saludable que usar sustancias ilícitas. Quizás la mejor manera de pensar en este intercambio es que volcarse en el trabajo (o en otras actividades) es una buena estrategia para ayudarte a seguir adelante en medio de los desafíos más severos de la vida, pero no querrías depender de ello a largo plazo

---

[17] Nora D. Volkow *et al.*, "Señales de cocaína y dopamina en el estriado dorsal: mecanismo del deseo en la adicción a la cocaína", *Journal of Neuroscience*, vol. 26, núm. 24, junio, 2006, pp. 6583-6588, https://www.jneurosci.org/content/26/24/6583.

como si fuera un analgésico. Podemos preguntarnos entonces si entregarnos completamente a una actividad nos está ayudando o dañando, si está expandiendo nuestras vidas o contrayéndolas. Lo que puede comenzar como lo primero puede convertirse en lo segundo.

Estrechamente relacionados con las rutinas están los rituales, actividades específicas que las personas realizan a intervalos regulares, durante periodos de estabilidad y cambio por igual. "[Los rituales] abren un espacio en el cual albergar pensamientos que de otro modo encontraría[mos] tontos o ridículos: un asombro sin voz ante el paso del tiempo. La forma en que todo cambia. La forma en que todo permanece igual", explica la escritora Katherine May.[18] Ejemplos de rituales incluyen servicios religiosos semanales, cenas vecinales mensuales, encender velas cada mañana o ir a montar en bicicleta en grupo todos los domingos. Al igual que las rutinas, los rituales nos proporcionan estructura y estabilidad cuando todo alrededor está cambiando. También sirven como una fuente confiable de simplicidad voluntaria: el mundo puede ser caótico, pero sé que cada viernes por la mañana salgo a dar un largo paseo por el bosque con mi perro, y, en ese tiempo y espacio, la vida se siente más simple y manejable.

En su libro sobre alostasis, *¿Qué es la salud?*, Peter Sterling escribe sobre lo que llama *prácticas sagradas*, "donde *sagrado* significa 'reverencia por lo inefable', lo que el lenguaje casual no puede expresar". Ejemplos de esto incluyen ceremonias de canto, baile, ejercicio, oración y escuchar música. "Los circuitos que producen y procesan estas actividades ocupan un territorio cortical [del cerebro] sustancial", escribe. "La inversión neuronal

---

[18] Katherine May, *Wintering: The Power of Rest and Retreat in Difficult Times*, Nueva York: Riverhead Books, 2020, p. 115.

para producir y procesar música, arte, drama y humor evidencian su importancia para nuestro éxito".[19] En términos sencillos, si las prácticas sagradas no fueran inherentemente ventajosas para nuestra supervivencia, la evolución habría destinado estos preciosos circuitos cerebrales para otra cosa. Sin embargo, aquí estamos, bien equipados. Quizás esto se deba a que, durante periodos de inmenso desorden, cuando corremos el riesgo de sentirnos completamente desamparados, los rituales ayudan a mantenernos firmes, proporcionando cierto sentido de estabilidad en tiempos de incertidumbre. Como tal, son vitales para nuestra persistencia.

Fatiga real versus fatiga falsa

Una de mis clientas de *coaching*, a quien llamaré Melanie, es una emprendedora de 39 años. Ella atravesaba una serie de cambios y batallaba con la fatiga; nada demasiado grave, pero tenía una sensación general de agotamiento o, en sus palabras, "no sentirme tan alerta y energética como quisiera". La primera solución que se le ocurrió fue simple: descansar. Pero había descansado durante más de un mes, reduciendo su trabajo y obligaciones personales, y aún se sentía lenta.

La situación de Melanie es común. Ilustra lo que considero como la diferencia entre dos tipos de fatiga: cuando tu sistema mente-cuerpo está verdaderamente cansado, o lo que yo llamo *fatiga real*; y cuando tu sistema mente-cuerpo te engaña para que te sientas cansado porque estás atrapado en una rutina, o lo que yo llamo *fatiga falsa*. Es importante diferenciar entre estas dos sensaciones, ya que la respuesta que cada una requiere no podría ser más diferente. La fatiga real requiere detener las cosas y descansar. La fatiga falsa requiere no tomarse demasiado en serio la

---

[19] Sterling, *What Is Health?*, p. 102.

sensación de agotamiento, sino trabajar para salir de ella, empujándote hacia la acción, comprometiéndote a poner manos a la obra y empezar lo que habías planeado.

Es más fácil discernir entre la fatiga real y la fatiga falsa cuando se trata de tu cuerpo. En ese caso, la retroalimentación tiende a ser más objetiva: tus músculos se sienten adoloridos, tu ritmo cardiaco aumenta, o la velocidad a la que caminas o corres disminuye. Sin embargo, para la fatiga más generalizada y predominantemente psicológica, no hay métricas claras. Esto significa que tienes que intuir el camino hacia la respuesta correcta. A veces esto implica quedarte en la cama o en el sofá; otras veces, forzarte a ponerte de pie.

En términos generales, el costo de superar la fatiga real es mayor que el costo de admitir la fatiga falsa. Empujar demasiado fuerte durante demasiado tiempo y llevarte al límite una y otra vez puede resultar en fatiga crónica, la cual según ciertas investigaciones puede tardar meses (y en casos severos, años) en revertirse. Quizás la apuesta más segura, entonces, es tratar el inicio del cansancio como si fuera fatiga real. Tómate un día libre, o unos pocos. Duerme un poco más. Desconéctate de los dispositivos digitales. Si puedes, pasa tiempo en la naturaleza. Reexamina tu rutina y, si algo parece fuera de lugar, haz ajustes. Si haces todo esto y aún te sientes mal, entonces probablemente valga la pena explorar qué sucede si te empujas a la acción.

Un ejemplo común de fatiga falsa es el agotamiento que acompaña a los grandes cambios en la vida, como la pérdida, el duelo, el cambio de trabajo, la mudanza o la jubilación. Tu cerebro está haciendo todo lo posible para engañarte y mantenerte en la cama todo el día cuando lo mejor que puedes hacer para sentirte mejor podría ser levantarte y participar en el tipo de activación conductual que aprendimos con anterioridad. Esto no quiere decir que las sensaciones de letargo y apatía no sean reales; lo son y pueden ser bastante paralizantes. Pero esas sensaciones, hasta donde sabemos, en la mayoría de los casos no son exclusivamente orgánicas, no están causadas por falta de sueño, un gasto de recursos fisiológicos, o algo que no esté funcionado bien en el cuerpo. Si así fuera, actuar empeoraría la situación. Pero, como muestran las investigaciones, la activación conductual tiende a mejorar estas situaciones, en especial cuando se apoya en la búsqueda de ayuda y en una comunidad.

La fatiga falsa es común no solo después de grandes disrupciones, sino también en una escala menor. Por ejemplo, cuando llegó el momento de dejar de promover mi libro anterior y ponerme a escribir este, yo seguía posponiéndolo. Aunque no fue un cambio masivo o arduo, fue un cambio de todos modos. ¡Me sentía cansado cada vez que llegaba el día que había programado para comenzar a escribir! Así que descansé. Y descansé un poco más. Después de unas tres semanas de esto, decidí tomar algo de mi propia medicina y forzarme a comenzar, teniendo o no ganas (para ser sincero, no las tenía). Tres días después, estaba en una racha de escritura que duró más de un mes. Más descanso solo habría profundizado mi inercia. Necesitaba trabajar para salir de ella.

Hay un matiz adicional aquí, uno importante. A veces, romper con el agotamiento crónico y el malestar requiere combinar ambas estrategias. Puede que estés experimentando fatiga real y, por lo tanto, necesites descansar. Después de una semana de descanso, tu sistema mente-cuerpo puede haberse recuperado, pero ahora estará aferrado a la inercia de no hacer nada. En este punto, la estrategia cambia a la activación conductual. Por eso, en los deportes, los periodos de descanso prolongado antes de un gran evento suelen terminar con algunos esfuerzos cortos e intensos, que sirven para despertar el cuerpo y devolverlo a la acción. Sospecho que nuestras mentes operan de la misma manera. Después de experimentar un cambio sustancial, puede ser que realmente necesitemos un periodo más largo de inactividad. Sin embargo, ese tiempo de inactividad extendido funciona genial, hasta que se convierte en un obstáculo.

¿Dónde nos deja esto? Nuestra mejor apuesta probablemente es considerar la gestión de la fatiga como una práctica continua.

Si prestas atención a cómo te sientes, a lo que haces en respuesta a ello y a lo que obtienes, con el tiempo te volverás mejor para diferenciar entre la fatiga real y la falsa. El primer paso, y el más importante, es darte cuenta de que no todas las sensaciones de fatiga significan lo mismo. Para aquellos acostumbrados a siempre superar el agotamiento, tal vez sea necesario un poco más de descanso. Para aquellos acostumbrados a siempre descansar, quizás les beneficie un poco más de empuje, una mentalidad de "el estado de ánimo sigue a la acción".[20] Hay un momento y un lugar para cada uno.

Las flores crecen en el barro

En el libro que quizás sea mi favorito de todos los tiempos, *Zen y el arte del mantenimiento de la motocicleta*, el narrador de mediana edad y su joven hijo, Chris, están en un viaje en moto a través del país. Cuando llegan a las montañas de Montana, oyen un deslizamiento de rocas y Chris le pregunta a su padre por qué sucede esto.

"Es parte del moldeado de las montañas", explica el narrador.

"No sabía que las montañas se desgastaran", responde Chris.

"No se desgastan. Se *moldean*", dice el narrador. "Se vuelven redondeadas y suaves… Las montañas parecen tan permanentes y pacíficas, pero en realidad están cambiando todo el tiempo y los cambios no siempre son tan pacíficos".[21]

Sospecho que el narrador, que en ese momento estaba pasando por una crisis de identidad, no solo hablaba de las montañas, sino también de sí mismo y de todos nosotros. Nadie escapa de la vida ileso. Los cambios más grandes y duros en nuestras vidas son similares al mal clima en una montaña. Moldean nuestros

---

[20] Un axioma que escuché de mi amigo Rich Roll.

[21] Robert M. Pirsig, *Zen and the Art of Motorcycle Maintenance: An Inquiry into Values*, Nueva York: William Morrow, 1974, p. 243.

bordes y nos hacen más suaves y gentiles. El resultado es que adquirimos compasión, tanto por nosotros mismos como por los demás.

La sabiduría convencional sobre cómo superar los desafíos dice que, en un extremo, está asumir la responsabilidad y levantarse y, en el otro, tomárselo con calma y mostrar un amor incondicional hacia uno mismo. Aunque a menudo se enfrentan entre sí, la verdad es que son complementarios: en la mayoría de las circunstancias necesitas al menos una medida de ambos. De nuevo, el pensamiento no dual, el héroe no cantado de este libro, hace una aparición. El mejor enfoque es combinar autodisciplina *y* autocompasión. Practicar regularmente la autocompasión te hace valiente. Si sabes que puedes ser amable contigo mismo, entonces puedes enfrentarte a eventos difíciles, sabiendo que cuentas contigo. Hacerte cargo de las cosas durante periodos de desorden sin duda puede ser difícil, pero con autocompasión lo vuelves un poco más fácil. Ser amable contigo mismo en medio de la lucha y la adversidad te brinda la resiliencia que necesitas para soportar, persistir y florecer.

La autocompasión no es automática; como cualquier otra cualidad importante, debe desarrollarse. Observa en qué momentos sueles ser particularmente duro contigo mismo. ¿Cómo te hace sentir? ¿Cómo sería cambiar tu diálogo interno? No se trata de pasar por alto cada error; se trata de no desperdiciar energía castigándote. Cuando empieces a rumiar en una espiral de autoenjuiciarte, pregúntate: "¿Qué le diría a un amigo en esta situación?". Tendemos a ser mucho más amables y sabios cuando damos consejos a nuestros amigos que cuando nos los damos a nosotros mismos. También puedes recurrir a un mantra, cantos o frases que te sacan de tu cabeza y te devuelven al momento presente. Uno que uso todo el tiempo, tanto conmigo mismo como con mis clientes de *coaching*, es simple: "Esto es lo que está sucediendo ahora mismo; estoy haciendo lo mejor que puedo". Otro beneficio de este mantra en particular es que si no es cierto, si no estoy haciendo lo mejor que puedo, entonces también me doy cuenta de eso y amablemente me doy la oportunidad de hacerlo mejor.

Cuando nos encontramos en la selva oscura de Dante, sin un sendero claro para salir; cuando experimentamos la rendición y la humildad radical que esto genera; cuando pedimos y recibimos ayuda; cuando luchamos por hacernos cargo y mantener la rutina más mínima, lo deseable es que como resultado nos volvamos al menos un poco más amables con otras personas que también están sufriendo. Lo que va, vuelve. Las mismas personas de las que dependemos para obtener consuelo y alivio en nuestros periodos de desorden, con el tiempo dependerán de nosotros durante los suyos. ¿De qué sirve sufrir si no lo usamos para acercarnos a los demás? Si no aprovechamos nuestra impermanencia compartida, y todo el dolor y la dificultad que conlleva, para tejer la red de seguridad relacional, ¿podrá esta sostenernos a todos? En estos tiempos acelerados de *optimización* y *eficiencia*, seríamos tontos si no desaceleramos y nos aseguramos de que estamos haciendo el trabajo esencial de nutrir nuestras relaciones íntimas y con la comunidad. Cuando las cosas se ponen difíciles, nada es más importante.

Thich Nhat Hanh, o Thay, como lo llamaban reverencialmente sus estudiantes, hizo una afirmación que se volvió muy conocida: "Sin barro, no hay loto". El loto es una flor exquisita. Sus colores son brillantes y llamativos, sus pétalos se abren y son magnéticos. Lo que hace que las flores de loto sean tan fascinantes es que crecen en el barro; Thay nos enseñó que el sufrimiento es como el barro. Podemos transformar el sufrimiento en una hermosa y radiante flor de loto: la compasión.[22] Es una transfor-

---

[22] Thich Nhat Hanh, *No Mud, No Lotus: The Art of Transforming Suffering*, Berkeley, California: Parallax Press, 2014.

mación que generalmente no ocurre cuando estás en medio de una experiencia difícil. Pero si puedes mantenerte presente una y otra vez, llegarás al otro lado. Una vez que lo hagas, es probable que ganes una buena dosis de compasión. Con cada ciclo significativo de orden, desorden y reordenamiento que soportamos, nos volvemos un poco más amables y suaves con nosotros mismos, y un poco más amables y suaves con los demás. Si algo bueno viene del sufrimiento, es esto.

Los tiempos difíciles siempre son difíciles, pero con práctica se vuelven más fáciles

En un estudio de varios años con más de 2 000 adultos de entre 18 y 101 años publicado en el *Journal of Personality and Social Psychology*, el psicólogo de la Universidad de Búfalo Mark Seery y sus colegas encontraron que las personas que habían experimentado niveles medios de adversidad eran más funcionales y estaban más satisfechas con sus vidas que aquellas que habían experimentado niveles extremadamente altos de adversidad y aquellas que habían experimentado casi ninguna. Además, las personas que experimentaron adversidad de nivel medio también enfrentaron mejor los desafíos futuros, lo que llevó a los autores del estudio a concluir que, en una versión basada en evidencia de Nietzsche, "en moderación, lo que no nos mata nos puede hacer más fuertes".[23] Este es un estudio importante porque muestra que, con el tiempo, mejoramos en navegar el desorden. Sin embargo, también muestra que el desorden extremo (como la violación, el asalto, el asesinato y la guerra, por ejemplo) nunca son deseables.

---

[23] Mark D. Seery, Alison Holman y Roxane Cohen Silver, "Lo que no nos mata: adversidad acumulativa a lo largo de la vida, vulnerabilidad y resiliencia", *Journal of Personality and Social Psychology*, vol. 99, núm. 6, diciembre, 2010, p. 1025-1041, doi:10.1037/a0021344.

Creo firmemente que no deberíamos glorificar ni romantizar ningún tipo de sufrimiento. El sufrimiento apesta. Punto. Pero también es parte de la experiencia humana, una consecuencia no negociable de vivir, cuidar y amar en un mundo impermanente. La pérdida, el duelo y la tristeza son el precio que pagamos por el amor, el cuidado, el significado y la alegría. Ser robusto y flexible es darle espacio y soportarlo.

Por cada periodo de desorden que experimentamos, mejoramos un poco en la navegación de futuros periodos de desorden. La próxima vez que un cambio masivo nos sacuda hasta la médula, es posible que nos sintamos muy mal al principio. Pero una parte de nosotros, quizás un 1% más, cada vez sabrá que un beneficio de la impermanencia es que no discrimina: los momentos bajos también pasan y obtendremos al menos algo de significado y crecimiento a partir de nuestra experiencia, incluso si esto toma tiempo. "Hay una ampliación del espíritu adquirida a través del sufrimiento y la humildad, pero una ampliación al fin. Puede que nos guste menos al principio, pero seremos más grandes por haber transitado esos momentos", escribe James Hollis.[24] Procuremos creer en las palabras de Hollis y aferrarnos a ellas cuando las cosas se desmoronen. Si podemos llegar al otro lado de nuestras pruebas y tribulaciones más desafiantes, la fortaleza, el significado, el crecimiento, la amabilidad y la compasión nos esperan.

---

[24] Hollis, *What Matters Most*, p. 163.

Crea significado y avanza

- El crecimiento y el significado se desarrollan a su propio ritmo; necesitamos darle a nuestro sistema inmunológico psicológico tiempo para procesar los cambios y las disrupciones significativas en nuestras vidas.
- Nuestra percepción del tiempo se ralentiza durante las dificultades. Saberlo nos ayuda a ser pacientes y persistir: lo que se siente horrible hoy casi con seguridad no se sentirá tan mal en el futuro.
- Aunque no podemos forzar el significado y el crecimiento, algunas tácticas concretas pueden ayudarnos a atraerlos:

  → *Practica la humildad y la rendición*, lo cual no significa no hacer nada, sino liberarse de la necesidad de arreglar o controlar situaciones que no se pueden arreglar ni controlar.
  → *Pide y recibe ayuda.* Ten cuidado en no caer en el vórtice de la eficiencia y la productividad extremas a costa de cultivar amistades y construir comunidad.
  → *Practica la simplicidad voluntaria*, desarrolla rutinas y crea rituales.
  → *Separa la fatiga real de la fatiga falsa.* Recuerda que la primera requiere descanso y la segunda requiere empujarte a la acción.
  → Haz lo que puedas para que tu sufrimiento se convierta en *compasión* hacia ti mismo y para los demás.

- Con cada ciclo mayor de orden, desorden y reordenamiento que navegamos, el siguiente se vuelve un poco más fácil.

CONCLUSIÓN

CINCO PREGUNTAS Y DIEZ HERRAMIENTAS PARA ACEPTAR EL CAMBIO Y DESARROLLAR UNA FLEXIBILIDAD ROBUSTA

Nuestros mayores desafíos personales y colectivos giran en torno al cambio. Para los individuos, incluyen el envejecimiento, la enfermedad, las ganancias y las pérdidas. Para las organizaciones, significan cambios en el lugar de trabajo, en la forma de trabajar y en la razón por la que las personas quieren trabajar. A nivel mundial, se trata de cambios climáticos, demográficos y geopolíticos. Peter Sterling, el profesor de la Universidad de Pensilvania que desarrolló el concepto de alostasis, define la salud como la "capacidad para la variación adaptativa". La enfermedad, escribe, "es la reducción de esta capacidad". Una gran parte de la razón por la cual nuestra cultura está tan enferma y en tal malestar (físico, emocional, intelectual, social y espiritual) es porque carecemos de las habilidades necesarias para navegar el cambio. Mi esperanza es que este libro sirva como una corrección muy necesaria de rumbo y arroje luz sobre dichas habilidades.

Los riesgos son demasiado altos para seguir como hasta ahora. Es inútil resistir el cambio de manera automática, pero también es inútil seguirlo sin reflexión, como autómatas a merced de fuerzas superiores. Si tomamos cualquiera de estos dos enfoques predominantes, seguiremos exacerbando una crisis de obesidad (cambio en la producción y el suministro de alimentos), una crisis de atención (cambio en la tecnología), una crisis de soledad (cambio en las normas sociales), una crisis de democracia (cambio en la política), una crisis ambiental (cambio climático) y una crisis de salud mental, resultante en gran medida de una combinación de todo lo anterior. Si queremos recuperar nuestra salud, y no digamos tener alguna oportunidad de florecer, necesitamos modificar nuestra relación con el cambio al convertirnos en participantes más activos, entendiendo que podemos moldear el cambio tanto como el cambio puede moldearnos.

A mediados de 2022, mientras terminaba el primer borrador de este libro, Rebecca Solnit escribió: "¿Por qué dejamos de creer que las personas pueden cambiar?", un hermoso ensayo que argumenta que, ahora más que nunca, necesitamos estar familiarizados con el cambio. "[Nuestra] creencia en la fijeza en lugar de la fluidez de la naturaleza humana se manifiesta en todas partes" y, escribe, en gran detrimento nuestro. Nos encerramos en quienes somos actualmente o en quienes fuimos alguna vez, y hacemos lo mismo con los demás y con el mundo en su conjunto. El resultado es que el crecimiento y el progreso, junto con la esperanza básica sobre la que estos se basan, se sofocan. Solnit continúa destacando nuestra peligrosa dependencia del pensamiento dicotómico. "Quizás parte del problema es [nuestra] pasión por el pensamiento categórico, o más bien por las categorías como alternativa al pensamiento". Aunque no lo menciona explícitamente, el mejor antídoto es el tipo de pensamiento no dual que hemos discutido extensamente en este libro. Solnit termina su ensayo llamando "al reconocimiento de que las personas cambian, que la mayoría de nosotros hemos cambiado y cambiaremos, y que gran parte de eso es porque en esta era transformadora todos somos arrastrados por un río de cambio".[1]

Estoy completamente de acuerdo. Por eso escribí este libro, en medio de la pandemia de covid, el retroceso de las democracias occidentales, la transformación de los espacios de trabajo y la guerra en el continente europeo; mientras veo a mi pequeño crecer tan rápido, tengo una hija nueva, me mudo de un extremo al otro del país, experimento un gran éxito profesional como escritor y la dolorosa separación de algunos de mis familiares más cercanos; en mientras escucho a amigos, clientes, colegas y vecinos hablar sobre todos los cambios abrumadores en sus vidas. Dentro de una década, otras cosas podrían cambiar, pero el cambio seguirá presente. Creo que la flexibilidad robusta y las cualidades que la construyen pueden ayudarnos a navegar con habilidad a través de nuestros respectivos ciclos de orden, desorden y reordenamiento, es decir, de nuestras vidas, y también a convertirnos en mejores miembros de la comunidad.

Cinco preguntas para aceptar el cambio

Para consolidar y concretar lo que hemos aprendido, es útil hacerse las siguientes cinco preguntas. El lenguaje es una herramienta poderosa. Una vez que le pones palabras a un pensamiento, sentimiento o concepto, lo iluminas y lo haces tangible, y así puedes enfrentarlo de nuevas y significativas maneras. Incluso si no tienes respuestas inmediatas, simplemente plantearte estas preguntas te ayudará a integrar la flexibilidad robusta en el tejido de tu vida.

---

[1] Rebecca Solnit, "¿Por qué dejamos de creer que las personas pueden cambiar?", *The New York Times*, 22 de abril de 2022, https://www.nytimes.com/2022/04/22/opinion/forgiveness-redemption.html.

1. ¿En qué partes de tu vida estás persiguiendo la fijeza donde podría ser beneficioso abrirte a la posibilidad (o, en algunos casos, a la inevitabilidad) del cambio?

El maestro zen Shunryu Suzuki, quien ayudó a popularizar la filosofía oriental en Estados Unidos a principios de la década de 1960, solía decir que dos palabras resumen todas sus enseñanzas: "Todo cambia". En física, es la segunda ley de la termodinámica: a medida que pasa el tiempo, la entropía neta, el grado de cambio y desorden en los sistemas vivos, siempre aumenta.

Nuestra resistencia a este hecho básico y fácilmente observable causa sufrimiento innecesario. No se puede negar que el cambio, en sí mismo, puede ser doloroso. Pero lo empeoramos al aferrarnos y desear desesperadamente que ciertas cosas permanezcan igual cuando eso es imposible. Piensa en nuestra lección de matemáticas del capítulo 2: el *sufrimiento* es igual al *dolor* multiplicado por la *resistencia*.

Suzuki también enseñó que, si observas cualquier fenómeno, con el tiempo verás su verdad. Presta mucha atención a las áreas de tu vida donde sientes tensión, es probable que descubras al menos algo de resistencia al cambio. Hemos discutido en detalle los temas comunes, incluidos el envejecimiento, las relaciones, los grandes proyectos en el trabajo, las medidas externas de éxito, los planes para el futuro y los episodios de tu pasado. Cuando identifiques áreas específicas de resistencia, explora cómo sería aflojar tu agarre, incluso solo un poco.

Nuestro progreso depende de nutrir las partes de nosotros mismos que aceptan, trabajan con e integran el cambio para que sean más poderosas que las partes de nosotros mismos que se resisten con tenacidad, y a veces de manera peligrosa, a él. Buscar la fijeza es un peso enorme. Trata de soltarlo.

2. ¿En qué partes de tu vida te aferras a expectativas poco realistas?

Como aprendimos, nuestra felicidad es el resultado de la realidad menos las expectativas. La mejor definición de *realidad* es "cambio". Entonces se deduce que, si esperamos que las cosas nunca cambien, pasaremos gran parte de nuestra vida infelices debido a expectativas erróneas.

¿En qué parte de tu vida estás usando gafas color de rosa? ¿Cómo podrías tener una visión más precisa? ¿Cómo sería aceptar el mundo en sus propios términos sin renunciar a la esperanza de que puede mejorar?

Existe una historia acerca de un sabio anciano de la selva tailandesa llamado Achaan Chaa que levantó su copa favorita frente a sus alumnos y dijo: "¿Ven este cáliz? Para mí este vaso ya está roto. Lo disfruto; bebo de él. Contiene mi agua de manera admirable, a veces incluso refleja el sol en patrones hermosos. Si lo toco, tiene un hermoso timbre. Pero cuando pongo este vaso en la estantería y el viento lo tumba o mi codo lo empuja fuera de la mesa y se cae al suelo y se rompe, digo: 'Por supuesto'. Cuando entiendo que el vaso ya está roto, cada momento con él es precioso".[2] El ejemplo de Chaa es una aspiración elevada, sin duda, pero vale la pena tenerla en mente.

3. ¿Hay elementos de tu identidad a los que te aferras demasiado?

Todos usamos muchos sombreros. Algunos ejemplos incluyen el de padre, pareja, hijo, hermano, escritor, empleado, ejecutivo, médico, amigo, vecino, atleta, panadero, artista, creativo, abogado y emprendedor. Haz un inventario de tus propias identidades. ¿Hay algunas de las que dependes

---

[2] Mark Epstein, *Thoughts Without a Thinker: Psychotherapy from a Buddhist Perspective*, Nueva York: Basic Books, 2013, pp. 79-81.

en exceso para encontrar significado y autoestima? ¿Cómo sería diversificar tu sentido del *yo*? Incluso si deseas *arriesgarlo todo* en un determinado empeño, ¿cómo podrías asegurarte de no dejar atrás otros aspectos de ti mismo? Está bien poner todos tus huevos en una sola canasta, siempre y cuando tengas otras canastas disponibles cuando la que estés usando cambie.

Mejor aún es desafiarte a integrar los diversos elementos de tu identidad en un todo cohesionado. Esto te permite enfatizar y desestimar ciertas partes de tu identidad en diferentes periodos. En mi propia vida, me apoyo en cada una de mis identidades principales (padre, esposo, escritor, entrenador, amigo, atleta y vecino). He aprendido por las malas que cuando minimizo demasiado alguna de ellas, las cosas tienden a no ir bien. Pero cuando me enfoco en mantener todas estas identidades fuertes, aseguro que cuando las cosas fallan en un área de mi vida pueda apoyarme en las demás para revitalizarme y levantarme, lo cual generalmente me ayuda a mantenerme centrado y enfrentar cualquier desafío.

4. **¿Cómo podrías usar tus valores fundamentales (la delimitación robusta y flexible de tu identidad) para navegar los desafíos en tu vida?**
Tus valores fundamentales representan tus creencias centrales y principios orientadores. Son los atributos y las cualidades que más te importan. Es útil identificar de tres a cinco (una lista extensa de valores fundamentales se encuentra en el apéndice en la página 233). Define cada uno en términos concretos y luego considera algunas formas en las que puedes practicarlos. Si te cuesta encontrar tus valores fundamentales, piensa en alguien a quien admires y respetes. ¿Qué es lo que admiras de esa persona? También puedes imaginar una versión más vieja y sabia de ti mismo mirando hacia atrás a tu versión actual. ¿Qué

característas harían que tu *yo* mayor y más sabio se sintiera orgulloso?

Cuando enfrentas cambios, disrupciones o incertidumbres, pregúntate cómo podrías moverte en dirección hacia tus valores fundamentales. O, al menos, ¿cómo podrías protegerlos? La forma en que practicas tus valores fundamentales con seguridad cambiará; ser capaz de manifestarlos de nuevas maneras y en nuevas situaciones es el punto central de la flexibilidad. Aunque no es necesario, también es normal que tus valores fundamentales cambien con el tiempo. Navegar por el mundo utilizando tus valores fundamentales actuales como referencia es lo que te guía hacia los nuevos. Tus valores fundamentales son una fuerza motriz para tu evolución personal; son la cadena que conecta dónde estás y quién eres con dónde estarás y quién serás.

La robustez sin flexibilidad es rigidez, y la flexibilidad sin robustez es inestabilidad. Considera dónde te encuentras en este espectro y cómo sería estar en un punto intermedio saludable. Si eres demasiado flexible, desafíate a mantener y practicar tus valores con más firmeza. Si eres demasiado rígido, desafíate a ampliar las formas en las que los aplicas.

5. **¿En qué circunstancias tiendes a reaccionar cuando te beneficiaría responder y qué condiciones te predisponen a ello?**
Reaccionar es impulsivo, automático y descuidado. Te coloca en piloto automático. Responder es calculado y deliberado. Muchas personas, yo incluido, tienden a caer en patrones predecibles de reacción en situaciones específicas. Quizás sea cuando interactúan con un colega o familiar en particular. O tal vez cuando surge un tema de discusión específico. O siempre que se presentan malas noticias. Una vez que identifiques estas situaciones, podrás

mirarlas con mayor conciencia, desafiándote a desacelerar y responder.

También vale la pena considerar qué condiciones te predisponen a la reactividad de manera más amplia. ¿Tienes un temperamento más volátil cuando pasas mucho tiempo en las redes sociales? ¿Cuando estás viendo ciertos tipos de programas de televisión? ¿Cuando tienes demasiadas cosas que hacer y sientes que no hay tiempo o espacio libre en tu día? Una vez que identifiques estos desencadenantes, puedes trabajar para eliminarlos o, al menos, minimizarlos.

Diez herramientas para desarrollar flexibilidad robusta

Mientras estemos vivos, nos encontraremos en ciclos continuos de orden, desorden y reordenamiento. Navegar hábilmente estos ciclos requiere una flexibilidad robusta. Ser robusto es ser fuerte, determinado y duradero. Ser flexible es responder a circunstancias o condiciones alteradas, adaptarse y doblarse fácilmente, sin romperse. Juntas, el resultado es una resistencia tenaz, una fortaleza que no solo soporta el cambio, sino que también prospera en medio de él. Aquí tienes diez de las formas más importantes para practicar la flexibilidad robusta en tu vida diaria:

1. Abraza el pensamiento no dual

Aunque algunas cosas en la vida son verdaderamente uno *o* lo otro, muchas son uno *y* el otro. Los filósofos llaman a este tipo de pensamiento *no dual*, pues reconocen que el mundo es complejo, lleno de matices, y la verdad a menudo se encuentra en la paradoja y la contradicción: no esto *o* aquello, sino esto *y* aquello. El pensamiento no dual es un concepto importante, aunque espectacularmente malentendido y poco utilizado en muchos aspectos de la vida, incluido el cambio.

Una forma de diferenciar el conocimiento de la sabiduría es que el conocimiento es saber algo y la sabiduría es saber cuándo y cómo usarlo. Inherente al pensamiento no dual es darse cuenta de que muchos conceptos y herramientas funcionan bien hasta que se interponen en tu camino. Por ejemplo, el objetivo de la flexibilidad robusta no es ser estable y nunca cambiar. Tampoco sacrificar todo sentido de estabilidad, entregándote pasivamente a los caprichos de la vida. Más bien, el objetivo es jugar con estas dos facetas o cualidades, entendiendo cuándo y cómo mantenerte firme y cuándo y cómo adaptarte. Como solía decir el psicólogo ganador del Premio Nobel Daniel Kahneman a sus estudiantes: "Cuando alguien dice algo, no te preguntes si es cierto. Pregúntate en dónde radica la verdad de ello".[3] Otra pregunta útil que puedes hacerte es: "¿Esta visión o enfoque me ayuda en este momento?". Si la respuesta es *sí*, sigue usándola. Si la respuesta es *no*, entonces cámbiala, siempre dándote cuenta de que la manera en la que respondas evolucionará con el tiempo, y eso está bien.

2. Adopta una orientación basada en el *ser*

Una orientación basada en el *tener* significa que te defines por lo que posees; por lo tanto, eres inherentemente frágil, ya que esos objetos, identidades y metas pueden ser arrebatados. Cualquier cosa que desesperadamente quieras poseer inevitablemente termina poseyéndote a ti. Una orientación basada en el *ser*, en cambio, significa que te identificas con

---

[3] Matthew Hutson, "Por qué nuestras mentes eficientes cometen tantos errores", *The Washington Post*, 9 de diciembre de 2016, https://www.washingtonpost.com/opinions/why-our-efficient-minds-make-so-many-bad-errors/2016/12/08/4eb98fce-b439-11e6-840f-e3ebab6bcdd3_story.html.

las partes más profundas y duraderas de ti mismo: tus valores fundamentales y tu capacidad para responder a las circunstancias, sean cuales sean. Una orientación basada en el *ser* es dinámica y, por lo tanto, ventajosa para trabajar con el cambio. Si te aferras demasiado a una persona, lugar, concepto o cosa en particular, amplía la historia que te cuentas sobre ti mismo. En lugar de pensar: "Soy la persona que tiene X, Y y Z", intenta pensar: "Soy la persona que hace X, Y y Z".

3. Actualiza con frecuencia tus expectativas para que coincidan con la realidad

El cerebro humano funciona como una máquina predictiva que está constantemente tratando de anticipar la realidad. Te sientes (y actúas) mejor cuando tu realidad está alineada con tus expectativas. Intenta establecer expectativas apropiadas y, cuando no estés seguro, opta por ser precavido y conservador. Cuando ocurra un cambio imprevisto, haz todo lo posible por verlo tal como es y actualizar tus expectativas en consecuencia. Cuanto más te aferres a viejas expectativas, peor te sentirás y más tiempo y energía desperdiciarás cuando podrías estar trabajando en lo que está sucediendo frente a ti. Aquí está lo que esperaba o pensaba que ocurriría. Aquí está lo que está realmente sucediendo. Dado que vivo no solo en mi propia mente, sino también en la realidad, necesito enfocarme en esta última.

4. Practica el optimismo trágico, comprométete con la esperanza sabia y toma acciones sabias

En una entrevista con *The Atlantic* poco después del lanzamiento de su álbum *Letter to You*, Bruce Springsteen, de 71 años, sugirió que el corazón de la sabiduría es "aprender a aceptar el mundo en sus propios términos sin renunciar a la creencia de que puedes cambiarlo. Esa es una adultez exitosa: la maduración de tu proceso de pensamiento y de

CINCO PREGUNTAS Y DIEZ HERRAMIENTAS

tu alma hasta el punto en que comprendes los límites de la vida, sin renunciar a sus posibilidades".[4]

Impúlsate suavemente a seguir el conmovedor consejo de Springsteen; hazlo para reconocer, aceptar y esperar que las cosas serán difíciles, y que a veces la impermanencia duele. Luego, haz lo que puedas para avanzar con una actitud positiva. Lo que llamamos *optimismo trágico* es una vía para desarrollar la compasión y la conexión. Hasta donde saben los científicos, la especie humana es la única que puede mirar hacia adelante y entender que todo, incluido lo que amamos, va a cambiar. La impermanencia es una vulnerabilidad compartida y, por lo tanto, puede unirnos. Esta comunión no solo nos ayuda a seguir adelante, sino que también es una de las mejores partes de estar vivo. Como solía decir el psicólogo de Harvard, convertido en maestro espiritual, Ram Dass: "Solo estamos acompañándonos, unos a otros, a casa".[5]

Si el optimismo trágico es una manera de pensar, entonces la esperanza sabia y la acción sabia son sus consecuencias concretas. Comprometerse con la esperanza sabia y tomar acciones sabias significa no hundirse en la desesperación, pero tampoco convertirse en un títere. Se trata de hacer algo productivo. La esperanza sabia y la acción sabia requieren aceptar y ver una situación claramente por lo que es y luego, con la actitud esperanzada necesaria, decir: "Esto es lo que está ocurriendo ahora, así que me enfocaré en lo que puedo controlar y haré lo mejor que pueda. He enfrentado otros desafíos y otras temporadas de duda y

---

[4] David Brooks, "Bruce Springsteen y el arte de envejecer bien", *The Atlantic*, 23 de octubre de 2020, https://www.theatlantic.com/ideas/archive/2020/10/bruce-springsteen-and-art-aging-well/616826.

[5] Ram Dass y Mirabai Bush, *Walking Each Other Home: Conversations of Loving and Dying*, Boulder, Colorado: Sounds True, 2018.

desesperación, y he salido avante". Recuerda que la esperanza es más importante en las situaciones en las que es más difícil aferrarse a ella.

5. Diferencia activamente e integra tu sentido del *yo*
La complejidad es crucial para persistir a través de periodos de cambio y desorden. Requiere tanto diferenciación como integración. La diferenciación es el grado en el que estás compuesto por partes que son distintas en estructura o función. La integración se refiere al grado en que esas partes distintas se comunican y mejoran los objetivos de cada una para crear un todo cohesionado. Piensa en los elementos distintos en tu propia vida y cómo trabajan juntos. Si no estás lo suficientemente diferenciado, ¿cómo podrías volverte más diferenciado? ¿Qué metas podrías establecer, mantener o prolongar el tiempo de trabajar en ellas? Lo mismo ocurre con la integración. ¿Cómo podrías moldear las distintas partes de tu identidad en una narrativa coherente?

6. Mira el mundo con lentes independientes e interdependientes
Las personas tienden a adoptar una o dos identidades en relación con los diversos roles y entornos que habitan. Un *yo* independiente se ve a sí mismo como individual, único, influyendo en los demás y en su entorno, libre de restricciones. Un *yo* interdependiente se ve a sí mismo como relacional, similar a los demás, ajustándose a las situaciones y arraigado en tradiciones y obligaciones. Una vez que seas consciente de estos lentes, puedes elegir cuándo usar cada uno. Considera cómo y cuándo podrías cambiar de uno a otro en tu vida. El lente independiente es ventajoso cuando deseas hacer que algo suceda y tienes un alto grado de control. El lente interdependiente es ventajoso cuando estás en un entorno más caótico. Cuando comienzas un gran proyecto, puedes evaluar qué lente sospechas que te

beneficiará más. Si chocas contra una pared, haz conciencia de qué lente estás usando y considera si abordar la situación desde el otro podría ayudar. Recuerda pensar de manera no dual. Incluso en un mismo proyecto, es probable que haya momentos donde te beneficies de ocupar distintos lentes.

7. **Responde al cambio con las 4P**
Responder con habilidad al cambio requiere crear espacio entre un evento y lo que haces, o no haces, al respecto. En ese espacio, en esa *pausa*, les das tiempo a las emociones inmediatas para respirar y entender mejor lo que está ocurriendo, es decir, *procesas*. Como resultado, puedes reflexionar y usar las partes más evolucionadas y únicas de tu cerebro para hacer un *plan*, y solo entonces *proceder* en consecuencia. Para ayudarte a hacer una *pausa*, etiqueta tus emociones. Para ayudarte a *procesar y planificar*, prueba una de las técnicas de autodistanciamiento: dar consejos a un amigo, practicar la meditación o la atención plena (*mindfulness*), o alguna actividad para experimentar asombro. Las mayores barreras para *proceder* son la duda personal y la parálisis que provoca el análisis. La mejor manera de superarlas es asumir tus primeras acciones como experimentos. Reduce el estándar de tener que decidir o hacer algo de manera correcta o perfecta e intenta algo nuevo y aprende de ello. Si en retrospectiva tus acciones fueron útiles, continúa por el mismo camino. Si no lo fueron, ajusta el rumbo, quizás repitiendo las primeras 3P (*pausar, procesar* y *planificar*) antes de *proceder* nuevamente.

8. **Apóyate en rutinas (y rituales) para proporcionar estabilidad durante periodos de desorden**
Las rutinas ofrecen una sensación de previsibilidad y estabilidad cuando todo a tu alrededor está cambiando. También te ayudan a activarte al automatizar decisiones, para que no dependas tanto de la fuerza de voluntad y la

motivación, las cuales tienden a ser escasas durante periodos de dificultades significativas. Aquí está el secreto: aunque las rutinas pueden ser mágicas, no existe *una* rutina mágica. Lo que funciona para una persona puede no funcionar para otras. La mejor manera de desarrollar una rutina óptima para ti es a través de la autoconciencia perspicaz y la experimentación. Presta atención a lo que haces y a lo que obtienes de ello. Es beneficioso desarrollar rutinas y rituales durante tiempos de estabilidad relativa. De esta manera, estarán bien asentados y serán más fáciles de utilizar cuando el caos se presente.

Hay ciertos comportamientos universalmente efectivos, como el ejercicio, el sueño y el compromiso social. Pero, incluso entonces, no hay un tiempo, lugar o manera óptimos para estas actividades. Tienes que averiguar qué funciona para ti. También existe el peligro de volverse excesivamente dependiente de una rutina. Si por alguna razón no puedes seguirla (estás viajando, tu cafetería favorita cierra, o la empresa que ofrece el suplemento que consumes lo descontinúa), no sabrás qué hacer. Esto es como un *koan* zen: la primera regla de las rutinas es desarrollar una y apegarte a ella; la segunda, es estar bien con soltarla.

9. Utiliza la activación conductual

A veces, cuando estamos atascados y sentimos agotamiento (emocional, físico, social o espiritual) lo mejor que podemos hacer es descansar. Pero, en un momento dado, el descanso crea inercia. Nuestras mentes y cuerpos están tan recuperados como pueden estar. Sin embargo, seguimos sintiéndonos mal. En este punto, probablemente podamos beneficiarnos del uso de un concepto psicológico llamado *activación conductual*. Desarrollado por primera vez en la década de 1970 por el psicólogo clínico Peter Lewinsohn como una forma de ayudar a las personas a superar la depresión, la apatía y otros estados negativos arraigados, la activación conductual se basa en la idea de que la acción puede crear motivación, especialmente cuando estamos atascados o inmersos en una rutina.

Para ser claro, esto no se trata de pensar positivo, un mantra que se convirtió en el pilar del movimiento de autoestima durante el siglo pasado, con libros *bestsellers* como *El poder del pensamiento positivo*, de 1952, el cual argumentaba, ahora sabemos que falsamente, que si solo piensas positivamente y suprimes todo pensamiento negativo, obtendrás salud, riqueza y felicidad. Si acaso, las investigaciones han demostrado que esas estrategias a menudo tienen el efecto contrario: cuanto más intentas cambiar cómo te sientes, más atrapado terminarás en tu estado de ánimo. No es posible colocarte en un estado de ánimo distinto al que estás solo decretándolo o deseándolo.

El desafío con la activación conductual es reunir suficiente energía para comenzar a actuar sobre las cosas que te importan. Cuando te sientes decaído, desmotivado o apático, date permiso para tener esos sentimientos, pero no te instales en ellos ni los asumas como algo que el destino te dio. Cambia el enfoque y empieza con lo que has planeado, llevando contigo tus sentimientos, sean cuales sean. Hacerlo incrementa las probabilidades para mejorar tu estado de ánimo. Puede ser útil pensar en este impulso inicial como energía de activación. A veces necesitamos más, y a veces, menos. Cuando estamos en una espiral, incluso las cosas pequeñas requieren más energía, y está bien. Puede requerir algo de trabajo adicional superar la inercia y la fricción inicial, pero las leyes de la física también se aplican a nuestras mentes: cuanto más avanzamos, más fácil se vuelve.

10. No fuerces el significado y el crecimiento; déjalos llegar a su propio ritmo

Las investigaciones muestran que la mayoría de las personas crecen y encuentran significado incluso en las luchas más desgarradoras. Pero cuanto mayor es la dificultad, más tiempo toma este proceso, y esto es algo que no se puede forzar. Intentar imponer prematuramente significado y crecimiento en ti mismo (o en una experiencia) casi siempre tiene el efecto contrario. Terminas asumiendo un evento negativo (por ejemplo, la pérdida de un trabajo, la pérdida de un ser querido o una lesión traumática) y convirtiéndolo en un doble negativo: la horrible situación por la que estás pasando *y* el hecho de que ni siquiera puedes hacer lo que los libros de autoayuda te dicen.

Durante los desafíos más significativos de la vida, esos que no puedes imaginar hasta que te encuentras en medio de ellos, dale a tu sistema inmunológico psicológico el tiempo y el espacio que necesita para organizar una respuesta adecuada. No hay necesidad de presionarte más. Con estar presente y poner manos a la obra es suficiente. No serás el mismo y no todo estará bien, pero hay una alta probabilidad de que más adelante encuentres al menos algo de significado y crecimiento, incluso si eso parece imposible cuando estás en medio de la dificultad misma. Sé amable y paciente contigo mismo (por difícil que sea) y haz lo que puedas para apoyarte en otros. Todos estamos juntos en esto.

AGRADECIMIENTOS

Este libro, al igual que cualquiera de los otros que he escrito, no habría sido posible sin Caitlin. Punto. Ella es la mejor compañera para mí. Estoy agradecido por ella todos los días. Mi hijo, Theo, hizo que este proceso fuera mucho más divertido que mis libros anteriores. Es difícil tomarse las cosas demasiado en serio con un niño de 5 años haciendo cien mil preguntas (¡realmente cien mil!) sobre el proceso de publicación. Mi hija Lila era nueva en la escena. Si suficientes lectores llegaron hasta aquí, ¡eso significa que probablemente me ayudarás en mi próximo libro, Lila! Además, si quiero hacer esto con integridad, y así lo haré, también debo agradecer a mi compañero de cuarto, Sunny (felino); mi compañero de abrazos, Bryant (también felino), y mi mejor amiga, Ananda (canina). Ustedes me obligan a levantarme de mi silla múltiples veces cada día, lo cual es (la mayoría de las veces) algo bueno.

Mi equipo central: Steve Magness, por ser mi *otro* compañero (y a Hillary, por no molestarse demasiado con el tiempo de llamadas telefónicas entre Steve y yo). Laurie Abkemeier, mi agente, asesora de publicación y editora de primera línea, por ser la mejor guía en este sendero siempre cambiante de la publicación. Chris Douglas, por contribuir a llevar lo que Steve y yo hacemos al siguiente nivel y dirigir nuestro proyecto *The Growth Equation* con la intencionalidad y la consideración que merece.

Este libro tuvo un apoyo y aportes increíbles. Gracias, Courtney Kelly, por ayudar a investigar muchas de las maravillosas historias que acabas de leer. Mara Gay, por las múltiples lecturas tempranas y rondas de retroalimentación (¡también por ser una amiga maravillosa de toda la vida!). Tony Ubertaccio, por ayudarme a ajustar la introducción de este libro y por muchos maravillosos paseos por el bosque. Mi grupo *de mastermind* de autores (y algunos de mis mejores amigos): Dave Epstein, Cal Newport, Adam Alter y Steve Magness. Mis mentores Mike Joyner y Bob Kocher. Mi mejor amigo, Justin. Mi amiga de *espiritualidad*, Brooke. Mi hermano, Eric. Todos mis maravillosos vecinos: escribir es mucho más fácil cuando vives en una gran comunidad. Y Zach, gracias por mantener mi cuerpo saludable durante el tiempo que no estaba pegado a mi silla; es asombroso cuánto peso puedo levantar con amor y no con miedo, y te lo debo a ti.

También siento una enorme gratitud hacia mi editora, Anna Paustenbach, y hacia todo el equipo de HarperOne. Estoy especialmente agradecido por haber encontrado a alguien que vio de inmediato el valor de este libro y su mensaje central, sin necesidad de explicación. Trabajar con Anna ha sido como trabajar con una hermana, solo que una con la que nunca te peleas y de la que aprendes un montón. Una lección en particular de Anna, que llevaré en mi caja de herramientas de escritura a partir de ahora: la importancia de ponerme una y otra vez en los zapatos de los lectores, asegurándome de que no solo estoy abordando mis propias necesidades en un libro, sino también las suyas. Esto parece simple, pero simple no significa fácil. Cualquier éxito en este esfuerzo se debe en gran parte a ella. Todos los fracasos son míos. Gideon Weil tomó el relevo de manera impecable durante un periodo en que tanto Anna como yo tuvimos nuevos miembros en nuestras respectivas familias. Chantal Tom ayudó en cada paso del camino para gestionar todo el proyecto y asegurarse de que todos los puntos estuvieran sobre las *íes*. Aly Mostel, Ann Edwards y Louise Braverman, por el maravilloso marketing y la publicidad (desafortunadamente los libros no se venden solos;

AGRADECIMIENTOS

afortunadamente tuve un equipo increíble). Los héroes no reconocidos detrás de cada libro también hicieron que el mío fuera mucho mejor: la correctora Tanya Fox, la editora de producción Mary Grangeia y el diseñador de portadas Stephen Brayda.

A todos aquellos cuya historia aparece en este libro, ¡gracias! A todos aquellos cuya investigación aparece en este libro, ¡gracias! A mis clientes de *coaching*, por asegurar que todo lo que escribo funcione genuinamente cuando se lleva a la práctica, ¡gracias! Y a todos mis lectores, ¡gracias! Todos estamos tratando de entender, lo mejor que podemos, a medida que avanzamos. Soy afortunado y me siento honrado de tenerlos conmigo, caminando juntos por el sendero.

APÉNDICE

LISTA DE VALORES FUNDAMENTALES COMUNES

- Amistad
- Amor
- Apertura
- Apreciación
- Aprendizaje
- Arte
- Atención
- Autenticidad
- Autonomía
- Autoridad
- Aventura
- Belleza
- Bondad
- Calidad
- Compasión
- Competencia
- Comunidad
- Confianza
- Conocimiento
- Consistencia
- Construcción
- Contribución
- Creatividad
- Crecimiento
- Curiosidad
- Desafío
- Desempeño
- Determinación
- Diligencia
- Discernimiento
- Disciplina
- Diversión
- Efectividad
- Eficiencia
- Empatía
- Equilibrio
- Estabilidad
- Estatus
- Éxito
- Felicidad
- Habilidad
- Honestidad
- Humildad
- Humor
- Impulso
- Intelecto
- Justicia
- Lealtad
- Liderazgo
- Logro
- Maestría
- Optimismo
- Paciencia
- Persistencia
- Pertenencia
- Práctica
- Reconocimiento
- Reputación
- Respeto
- Responsabilidad
- Riqueza
- Sabiduría
- Seguridad
- Serenidad
- Servicio
- Significado
- Sostenibilidad
- Templanza
- Valentía

LECTURAS ADICIONALES SUGERIDAS

Aquí tienes otros libros que complementan y apoyan a *El poder de adaptarse*. Aunque es un sistema imperfecto, he hecho lo mejor posible para categorizar cada uno según la parte de este libro con la que más se alinea. Muchos de estos libros se mencionan en el texto, e incluso aquellos que no aparecen, influyeron en las ideas que presento.

Si este es tu punto de entrada a mi trabajo, te recomiendo encarecidamente leer mi libro anterior, *Máxima conexión: Groundedness*. Complementa este libro de muchas maneras. Si *El poder de adaptarse* trata sobre cómo navegar el camino en desarrollo de la vida, *Máxima conexión: Groundedness* trata sobre cómo construir una base sólida para la excelencia sostenible, sobre la cual se lleva a cabo toda la navegación.

Parte 1. Mentalidad robusta y flexible

- *¿Qué es la salud?* de Peter Sterling
- *Cómo cambiar* de Katy Milkman
- *Falling Upward* de Richard Rohr
- *La estructura de las revoluciones científicas* de Thomas S. Kuhn
- *Full Catastrophe Living* de Jon Kabat-Zinn
- *Aceptación radical* de Tara Brach

- *Tao Te Ching* de Lao Tzu (traducción de Stephen Mitchell)
- *Epicteto: Discursos y textos seleccionados* (versión Penguin Classics)
- *Meditaciones* de Marco Aurelio
- *En palabras del Buda* de Bhikkhu Bodhi
- *Muerte* de Todd May
- *Almost Everything* de Anne Lamott
- *Antifrágil* de Nassim Nicholas Taleb
- *El arte de la buena vida* de William B. Irvine
- *What Matters Most* de James Hollis
- *El héroe de las mil caras* de Joseph Campbell
- *Lost & Found* de Kathryn Schulz
- *El hombre en busca de sentido* de Viktor Frankl
- *Grit. El poder de la pasión y la perseverancia* de Angela Duckworth

Parte 2. Identidad robusta y flexible

- *¿Tener o ser?* de Erich Fromm
- *El arte de vivir* de Thich Nhat Hanh
- *Going to Pieces Without Falling Apart* de Mark Epstein
- *The Trauma of Everyday Life* de Mark Epstein
- *Los diarios del cáncer* de Audre Lorde
- *La sabiduría de la inseguridad* de Alan Watts
- *Una mente liberada* de Steven C. Hayes
- *The Extended Mind* de Annie Murphy Paul
- *Clash!* de Hazel Rose Markus y Alana Conner
- *Amplitud* de David Epstein

Parte 3. Acciones robustas y flexibles

- *Generación dopamina* de Anna Lembke
- *A Significant Life* de Todd May
- *Dancing with Life* de Phillip Moffitt
- *Superficiales* de Nicholas Carr

LECTURAS ADICIONALES SUGERIDAS

- *Haz cosas difíciles* de Steve Magness
- *Surviving Survival* de Laurence Gonzales
- *El manantial oculto* de Mark Solms
- *Subtract* de Leidy Klotz
- *Tropezar con la felicidad* de Daniel Gilbert
- *No Cure for Being Human* de Kate Bowler
- *Deshacer la ansiedad* de Judson Brewer
- *The Way of Aikido* de George Leonard
- *La vida es dura* de Kieran Setiya